# SPARGEL

40 Rezepte zum Genießen

# DIE DR. OETKER GELING-GARANTIE

## UNSER VERSPRECHEN

Liebe Leser*innen,

mit den Rezepten in unseren Koch- und Backbüchern möchten wir Sie und Ihre Lieben glücklich machen. Zum Glück braucht es den Erfolg, und den kaufen Sie mit jedem Dr. Oetker Buch gleich mit.

Dafür gibt es die Dr. Oetker Geling-Garantie.
Sie ist unser Versprechen, dass alle Rezepte aus diesem Buch ganz einfach und sicher gelingen.
Die Geling-Garantie startet schon bei der Zutatenliste: Alle Zutaten, die wir verwenden, sollten Sie leicht in Ihrem Supermarkt vor Ort einkaufen können. Jeder Zubereitungsschritt ist klar und einfach nachvollziehbar.

Eine Garantie können wir Ihnen aber auch deshalb mit gutem Gewissen geben, weil alle Rezepte dieses Buches von unserem erfahrenen Team entwickelt wurden. Anschließend haben wir jedes Gericht in einer ganz normalen Küche nachgekocht oder nachgebacken. Immer wieder. So lange, bis wir uns sicher waren, dass es gelingt. Und zwar auch bei Ihnen zu Hause.

Was wir versprechen, halten wir auch. Sollte beim Kochen oder Backen eines unserer Rezepte dennoch etwas danebengehen oder Ihnen einfach nicht schmecken, dann lassen Sie es uns wissen. Schreiben Sie oder rufen Sie uns an! Wir werden das Rezept nochmals kritisch prüfen und Ihnen helfen herauszufinden, woran es gelegen haben könnte. Sie erreichen uns unter der Telefonnummer +49(0)89/548251 5-0.
Oder schreiben Sie uns eine E-Mail unter: redaktion-oetker@edel.com

Natürlich freuen wir uns aber auch über weitere Rückmeldungen und über Lob.
Ihre Ideen, Kommentare und Fragen können Sie jederzeit auch über Facebook posten: www.facebook.com/Dr.OetkerVerlag.
Wir sind für Sie da. Garantiert.

Mit herzlichen Grüßen
Ihre Dr. Oetker Redaktion

# ALLGEMEINE HINWEISE ZU DEN REZEPTEN

## UNSER TIPP

Lesen Sie bitte vor der Zubereitung – besser noch vor dem Einkauf – das Rezept einmal vollständig durch. Oft werden Arbeitsabläufe oder -zusammenhänge dann klarer.

## ARBEITSSCHRITTE

Die Zutaten sind in der Reihenfolge ihrer Verarbeitung aufgeführt. Die Arbeitsschritte sind einzeln hervorgehoben, in der Reihenfolge, in der sie von uns ausprobiert wurden.

## ZUBEREITUNGSZEITEN

Die angegebene Zubereitungszeit schließt die Dauer der Vorbereitung und die eigentliche Zubereitung mit ein. Sie ist ein Anhaltswert und kann je nach individuellem Geschick oder Übung natürlich ein wenig variieren. Längere Wartezeiten wie zum Beispiel Kühl- oder Abkühlzeiten oder auch Auftauzeit sind in der Regel nicht in der Zubereitungszeit enthalten. Einzige Ausnahme: In dieser Zeit sind parallel andere Arbeitsschritte zu tun. Die Garzeiten sind extra ausgewiesen. Bei einigen Rezepten setzt sich die Gesamt-Garzeit aus mehreren Teil-Garzeiten zusammen.

## ZUBEREITUNGSZEIT UND GARZEIT

Die in den Rezepten angegebenen Backofentemperaturen und Garzeiten sind Richtwerte, die je nach individueller Hitzeleistung Ihres Backofens über- oder unterschritten werden können. Prüfen Sie nach Beendigung der angegebenen Garzeit, ob das Gericht gar ist. Die Temperaturangaben in diesem Buch beziehen sich auf Elektrobacköfen. Die Temperatur-Einstellungsmöglichkeiten für Gasbacköfen variieren je nach Hersteller, sodass wir keine allgemeingültigen Angaben machen können. Bitte beachten Sie deshalb bei der Einstellung des Backofens die Gebrauchsanleitung des Herstellers. Ein Backofenthermometer eignet sich dabei gut, um die Backofentemperatur im Blick zu haben.

## EINSCHUBHÖHE

In den Rezepten in diesem Buch ist die Einschubhöhe immer dann die Mitte des Backofens, wenn nichts anderes angegeben ist.

## HINWEISE ZU DEN NÄHRWERTEN

Bei den Nährwertangaben in den Rezepten handelt es sich um auf- bzw. abgerundete ganze Werte. Aufgrund von ständigen Rohstoffschwankungen und/oder Rezepturveränderungen bei Lebensmitteln kann es zu Abweichungen kommen. Die Nährwertangaben dienen daher lediglich Ihrer Orientierung und eignen sich nur bedingt für die Berechnung eines Diätplans.

## ABKÜRZUNGEN UND SYMBOLE

| | |
|---|---|
| EL | Esslöffel |
| TL | Teelöffel |
| Msp. | Messerspitze |
| Pck. | Packung/Päckchen |
| g | Gramm |
| kg | Kilogramm |
| ml | Milliliter |
| l | Liter |
| evtl. | eventuell |
| geh. | gehäuft |
| gem. | gemahlen |
| ger. | gerieben |
| gestr. | gestrichen |
| TK | Tiefkühlprodukt |
| °C | Grad Celsius |
| ø | Durchmesser |

## KALORIEN-/NÄHRWERTANGABEN

| | |
|---|---|
| E | Eiweiß |
| F | Fett |
| Kh | Kohlenhydrate |
| kcal | Kilokalorien |

# RATGEBER

Auch wenn man Spargel heute fast das ganze Jahr über kaufen kann, schmeckt er frisch geerntet von heimischen Bauern oder vom Markt am besten.
Die traditionelle Spargelzeit in Deutschland beginnt Mitte April und endet am 24. Juni. Dann lässt man den Spargel „ins Kraut schießen“ und gönnt ihm somit eine Ruhezeit, in der er Reservestoffe bilden kann. So ist auch im nächsten Jahr eine gute Ernte zu gewährleisten.

## DIE QUALITÄT

Beim Einkauf sollte man auf die Qualität der Spargelstangen achten. Gerade gewachsene Stangen mit festen, geschlossenen Köpfen und hellen, frischen Schnittflächen zeugen von einer sehr guten und frischen Ware. Die Stangen dürfen keine braunen Stellen aufweisen und die äußere Haut darf nicht trocken sein.
Spargel sollte möglichst an dem Tag gegessen werden, an dem er gestochen wurde oder wenigstens am Tag des Einkaufs. Kann der Spargel nicht gleich verarbeitet werden, hält er sich in feuchte Tücher eingeschlagen im Gemüsefach des Kühlschranks oder an einem anderen kühlen Ort noch gut 2–3 Tage frisch.

## DIE SPARGELSORTEN

Weißer, grüner und wilder Spargel sind die drei Arten, die in Deutschland am bekanntesten sind.

Der **weiße Spargel** hat meist dicke Stangen, ist fest im Fleisch und von fein mildem, aromatischem Geschmack. Bei uns bevorzugt man den weißen Spargel mit weißen Köpfen, der in aufgeworfenen Erddämmen vor der Sonne geschützt angebaut wird. In Frankreich und Italien weiß man die weißen Stangen mit violetten und grünen Köpfen, welche würziger im Geschmack sind, zu schätzen. Diese Färbungen erhält der Spargel, wenn er kurze Zeit der Sonne ausgesetzt war.

Der **grüne Spargel** gewinnt auch bei uns immer mehr an Bedeutung, da er weniger aufwendig im Anbau ist und einen intensiveren Geschmack hat. Er wird auf ebenerdigen Beeten unter voller Lichteinwirkung angebaut. Beim Kauf sollte er eine maigrüne Farbe haben und knackig frisch sein.

Der **wilde Spargel**, auch Ähren- oder Thaispargel genannt, hat sehr dünne und tiefgrüne Stangen, die sich durch einen angenehmen, leicht bitteren Geschmack auszeichnen.

## VOR- UND ZUBEREITUNGSTIPPS

Achten Sie beim Kauf darauf, dass Sie frischen knackigen Spargel bekommen.

Schälen Sie Spargelstangen am besten mit einem Sparschäler. Weißen Spargel schälen Sie dünn von oben nach unten. Achten Sie darauf, dass die Schalen vollständig entfernt, die Köpfe aber nicht verletzt werden. Die Enden schneiden Sie ab. Holzige Stellen sollten vollständig entfernt werden.

Beim grünen Spargel schälen Sie nur das untere Drittel der Stangen und schneiden die holzigen Spargelenden ab.
Wilder Spargel braucht nicht geschält zu werden, Sie sollten jedoch die unteren Enden abschneiden.

Zum Garen von Spargel gibt es Töpfe mit Dampfeinsätzen, in denen die Stangen stehend oder liegend in wenig Wasser gegart werden.

Der Spargel behält seinen Geschmack besonders gut, wenn Sie ihn in einem Spargelsud garen. Diesen können Sie aus den gewaschenen Schalen selbst zubereiten. Bringen Sie die Schalen in einem Topf mit Wasser, Salz, Zucker und etwas Butter zum Kochen. Lassen Sie das Ganze etwa 20 Minuten zugedeckt kochen. Anschließend geben Sie die Schalen in ein Sieb und fangen den Spargelsud auf.

Geben Sie den Spargel in den kochenden Spargelsud oder in kochendes Salzwasser (für 500 g Spargel, etwa 250 ml Wasser, 1 gestrichenen Teelöffel Salz, ½ gestrichenen Teelöffel Zucker und etwas Butter) und garen ihn zugedeckt.

Die Garzeit für weißen Spargel beträgt 10–15 Minuten, je nach Dicke der Stangen. Grüner Spargel ist in 8–10 Minuten gar, Wild- oder Thaispargel sogar in lediglich 5–8 Minuten.

Wir gehen bei den Angaben der Garzeiten davon aus, dass Sie frischen Spargel verarbeiten, der nach der Zubereitung noch bissfest ist. Mögen Sie Spargel lieber etwas weicher, machen Sie nach den angegebenen Garzeiten eine Garprobe und verlängern Sie evtl. die Garzeiten entsprechend Ihren Vorstellungen.

# GEKOCHTER SPARGEL

Zubereitungszeit: etwa 30 Minuten
Garzeit: 18–25 Minuten
Vegetarisch

**ZUTATEN FÜR 4 PORTIONEN**

- 1 kg weißer und grüner Spargel
- etwa 300 ml Wasser
- 1/2 TL Salz
- 1/4 TL Zucker
- 1 TL Butter

**Pro Portion:**

E: 4 g, F: 0 g, Kh: 4 g, kcal: 37

**1.** Spargel abspülen und abtropfen lassen. Den weißen Spargel von oben nach unten schälen. Darauf achten, dass die Schalen vollständig entfernt, die Köpfe aber nicht verletzt werden. Von dem grünen Spargel nur das untere Drittel schälen.

**2.** Die unteren Enden vom weißen und grünen Spargel abschneiden (holzige Stellen vollkommen wegschneiden).

**3.** Wasser mit Salz, Zucker und Butter in den Topf geben und zum Kochen bringen. Den Spargel hinzugeben, zum Kochen bringen und je nach Dicke der Stangen in 10–15 Minuten zugedeckt bissfest garen.

**4.** Den Spargel mit einer Schaumkelle herausnehmen, abtropfen lassen und auf eine vorgewärmte Platte legen und servieren.

**5.** Jetzt den grünen Spargel in den Topf geben, zum Kochen bringen und zugedeckt in 8–10 Minuten bissfest garen. Den Spargel ebenfalls mit einer Schaumkelle aus dem Topf nehmen, abtropfen lassen und mit auf die Platte legen. Den Spargel servieren.

**TIPPS:**

Wer den Spargel sehr weich mag, sollte ihn etwas länger garen.

Etwa 80 g Butter zerlassen und zum Spargel reichen. Oder dazu eine Sauce hollandaise (siehe Seite 8) und Salzkartoffeln servieren. Aber auch geräucherter Lachs oder Schnitzel schmecken sehr gut dazu.

Lieblingsrezept Nr.
1

# SPARGEL MIT SAUCE HOLLANDAISE

Zubereitungszeit: 60 Minuten
Garzeit Spargel: etwa 15 Minuten
Mit Alkohol

**ZUTATEN FÜR 4–6 PORTIONEN**

2 kg weißer Spargel
1 l Wasser
je 1 gestr. TL Salz und Zucker
40 g Butter

**Für die Sauce hollandaise:**

200 g Butter
2 Eigelb (Größe M)
2 EL Weißwein
Zitronensaft
Cayennepfeffer

**Zusätzlich:**

Küchengarn
200 g Kochschinken in Scheiben
200 g roher Schinken in Scheiben

**Pro Portion:**

E: 49 g, F: 187 g, Kh: 46 g, kcal: 2154

**1.** Spargel abspülen und abtropfen lassen. Spargel von oben nach unten schälen. Dabei darauf achten, dass die Schalen vollständig entfernt, die Köpfe aber nicht verletzt werden. Die unteren Enden abschneiden. Die Stangen möglichst gleich lang schneiden (holzige Stellen vollkommen entfernen). Spargel portionsweise mit Küchengarn bündeln. Wasser in einem Topf zum Kochen bringen. Salz, Zucker und Butter hinzugeben. Die Spargelstangen hineingeben, wieder zum Kochen bringen und in etwa 15 Minuten gar kochen.

**2.** Den gegarten Spargel mit einem Schaumlöffel vorsichtig aus dem Kochsud nehmen, abtropfen lassen und auf eine vorgewärmte Platte legen. Küchengarn entfernen.

**3.** Für die Sauce hollandaise Butter zerlassen und etwas abkühlen lassen. Eigelb mit Wein im Wasserbad so lange schlagen, bis die Masse dicklich ist. Die Schüssel aus dem Wasserbad nehmen, die etwas abgekühlte Butter langsam unterschlagen. Die Sauce mit Zitronensaft, Salz und Cayennepfeffer abschmecken.

**4.** Spargel mit Kochschinken, rohen Schinken und der Sauce hollandaise anrichten, servieren.

**TIPP:**

Dazu schmeckt auch Kratzete, Sauce béarnaise, Sauce maltaise und Buttersauce.

Lieblingsrezept Nr.

2

# SPARGEL MIT WESTFÄLISCHEM SCHINKEN

Zubereitungszeit: 30 Minuten
Garzeit: etwa 15 Minuten

**ZUTATEN FÜR 4 PORTIONEN**

2 kg weißer Spargel
1 l Wasser
Salz
1 Prise Zucker
100 g Butter
500 g westfälischer Knochenschinken in feinen Scheiben

**Zusätzlich:**
Küchengarn

**Pro Portion:**
E: 29 g, F: 27 g, Kh: 8 g, kcal: 389

**1.** Spargel abspülen und abtropfen lassen. Den Spargel von oben nach unten schälen. Darauf achten, dass die Schalen vollständig entfernt, die Köpfe aber nicht verletzt werden. Die unteren Enden abschneiden (holzige Stellen vollkommen entfernen). Die Stangen nach Möglichkeit gleich lang schneiden.

**2.** Spargelstangen portionsweise mit Küchengarn bündeln.

**3.** Wasser mit Salz und Zucker und 10 g der Butter in einem hohen Topf zum Kochen bringen. Den gebündelten Spargel hineingeben und zum Kochen bringen. Spargel zugedeckt etwa 15 Minuten garen.

**4.** Den Spargel mit einem Schaumlöffel vorsichtig aus dem Topf nehmen und auf eine vorgewärmte Platte legen. Das Küchengarn entfernen.

**5.** Restliche Butter zerlassen und nach Belieben bräunen. Schinken mit dem Spargel auf Tellern anrichten. Die Butter dazureichen.

**TIPPS:**

Spargel mit frisch gehackter Petersilie bestreuen.

Als Beilage eignen sich kleine Pellkartoffeln.

Lieblingsrezept Nr.

3

# SPARGEL MIT EI

Zubereitungszeit: 60 Minuten
Garzeit: 12–15 Minuten
Vegetarisch

**ZUTATEN FÜR 4 PORTIONEN**

- 1 kg weißer Spargel
- 1 kg grüner Spargel
- Wasser
- Zucker
- Butter
- 1 EL Olivenöl
- 8 Eier (Größe M)
- gem. Pfeffer
- grobes Meersalz
- 250 ml Olivenöl
- evtl. 8 EL Rotweinessig

**Pro Portion:**

E: 22 g, F: 75 g, Kh: 9 g, kcal: 795

**1.** Spargel abspülen und abtropfen lassen. Den weißen Spargel von oben nach unten schälen. Darauf achten, dass die Schalen vollständig entfernt, die Köpfe aber nicht verletzt werden. Die unteren Enden abschneiden (holzige Stellen vollkommen entfernen). Von dem grünen Spargel nur das untere Drittel schälen und die Enden abschneiden.

**2.** Wasser mit Salz, Zucker, Butter und Olivenöl in einem hohen Topf zum Kochen bringen. Den weißen Spargel 12–15 Minuten, den grünen 8–10 Minuten darin gar kochen.

**3.** In der Zwischenzeit Eier in etwa 6 Minuten wachsweich kochen, mit kaltem Wasser abschrecken und pellen.

**4.** Den garen Spargel in einem Sieb abtropfen lassen und auf einer vorgewärmten Platte anrichten.

**5.** Die Eier grob hacken und sofort auf dem Spargel verteilen. Mit Salz und Pfeffer bestreuen.

**6.** Das Öl über den Spargel geben. Nach Belieben mit Rotweinessig würzen.

**TIPP:**

Frisch aufgebackenes Ciabatta dazureichen.

Lieblingsrezept Nr.

# 4

# SPARGEL IN KRÄUTERMARINADE

Zubereitungszeit: 40 Minuten, ohne Durchziehzeit
Garzeit: 10–12 Minuten
Vegetarisch

**ZUTATEN FÜR 8 PORTIONEN**

**Für den Spargel:**

1 kg weißer Spargel
375 ml Wasser
Salz
20 g Butter
½ TL Zucker

**Für die Marinade:**

100 ml Weißweinessig
50 g Zucker
gem. schwarzer Pfeffer
100 ml Spargelwasser
2 EL Olivenöl
je 2 TL Estragonblättchen, Kerbelblättchen und Dillspitzen

**Pro Portion:**

E: 2 g, F: 3 g, Kh: 8 g, kcal: 74

1. Spargel abspülen und abtropfen lassen. Den Spargel von oben nach unten schälen. Darauf achten, dass die Schalen vollständig entfernt, die Köpfe aber nicht verletzt werden. Die unteren Enden abschneiden (holzige Stellen vollkommen entfernen).

2. Wasser in einem großen Topf zum Kochen bringen. Salz, Butter, Zucker und die Spargelstangen hinzufügen, zum Kochen bringen. Die Spargelstangen zugedeckt in 12–15 Minuten gar kochen.

3. Spargelstangen mit einer Schaumkelle vorsichtig herausnehmen und in einem Sieb gut abtropfen lassen, dabei das Spargelwasser auffangen und 100 ml davon abmessen.

4. Für die Marinade Essig mit Zucker und Pfeffer in einem Topf zum Kochen bringen. So lange kochen lassen, bis der Zucker gelöst ist. Spargelwasser und Olivenöl hinzugeben. Mit Salz, Pfeffer und Zucker abschmecken.

5. Kräuter abspülen und trocken tupfen. Die Blättchen oder Spitzen von den Stängeln zupfen. Die Blättchen oder Spitzen grob zerkleinern und unterrühren.

6. Die Spargelstangen in die Marinade legen und 1–2 Stunden durchziehen lassen.

**Rezeptvarianten:**
Für **Spargel mit einer Honig-Vinaigrette** 1–2 Esslöffel flüssigen Honig mit 3 Esslöffeln Sherryessig und 1 Teelöffel gekörntem Senf verrühren. Mit Salz und Pfeffer würzen. 5 Esslöffel Olivenöl unterschlagen. Den Spargel 1–2 Stunden darin marinieren. Mit 2 gekochten, gehackten Eiern und fein geschnittenem Dill bestreuen.

Für **Spargel mit einer Waldmeister-Vinaigrette** 1 Schalotte abziehen und in kleine Würfel schneiden. 1 Bund oder Topf frischen Waldmeister abspülen und trocken tupfen. Die Blättchen von den Stängeln zupfen. Blättchen klein schneiden.
4 Esslöffel weißen Balsamico-Essig mit 6 Esslöffeln Spargelflüssigkeit und 100 ml trockenen Weißwein (z. B. weißen Burgunder) verrühren, mit Salz und Pfeffer würzen. 8 Esslöffel Olivenöl unterschlagen. Schalottenwürfel und Waldmeister unterrühren.

**TIPP:**

Als Beilage zu kaltem Braten oder kurz gebratenen Fleischstücken oder zusammen mit anderen marinierten Gemüsen als Antipasti reichen.

Lieblingsrezept Nr.
5

# SPARGELPÄCKCHEN AUS DEM BACKOFEN

Zubereitungszeit: etwa 40 Minuten
Garzeit: etwa 25 Minuten
Vegetarisch

**ZUTATEN FÜR 4 PORTIONEN**

1 kg weißer Spargel
Salz
gem. Pfeffer
Zucker
50 g Butter
einige Petersilienblättchen

**Pro Portion:**
E: 4 g, F: 11 g, Kh: 5 g, kcal: 132

**1.** Den Backofen vorheizen.
Ober-/Unterhitze: etwa 200 °C
Heißluft: etwa 180 °C

**2.** Spargel abspülen und abtropfen lassen. Den Spargel von oben nach unten schälen. Darauf achten, dass die Schalen vollständig entfernt, die Köpfe aber nicht verletzt werden. Die unteren Enden abschneiden (holzige Stellen vollkommen entfernen). Die Spargelstangen je nach Länge dritteln oder halbieren.

**3.** Alufolienbögen einzeln auf einer Arbeitsfläche ausbreiten, je einen Bogen Backpapier darauflegen.

**4.** Je ein Viertel des Spargels in die Mitte der Papierbögen legen. Spargel mit Salz, Pfeffer und Zucker würzen. Die Butter in Stückchen auf dem Spargel verteilen. Mit abgespülten, trocken getupften Petersilienblättchen belegen. Den Spargel jeweils so in den Bögen einschlagen und verschließen, dass ein rechteckiges Päckchen entsteht.

**5.** Die Päckchen auf ein Backblech legen, in den Backofen (unteres Drittel) schieben. Den Spargel **etwa 25 Minuten garen.**

**Rezeptvariante:**
Für **grünen Spargel mit Schafskäse** 1 kg grünen Spargel im unteren Drittel schälen, Enden abschneiden. Wie unter Punkt 2+3 beschrieben weiter zubereiten. 100 g Rucola (Rauke) verlesen, dicke Stiele abschneiden. Rucola abspülen, trocken tupfen und grob zerkleinern. 100 g Schafskäse in Würfel schneiden. Dann den Spargel wie unter Punkt 4 beschrieben auf Alu-, Backpapierbögen legen, würzen und mit 50 g Butter in Stückchen belegen. Rucola und Käse darauf verteilen. Dann wie unter Punkt 4 und 5 beschrieben die Päckchen verschließen und bei angegebener Backofentemperatur etwa 20 Minuten garen.

**TIPPS:**

Statt Petersilie können Sie einige Thymianstängel verwenden.

Wenn Sie den Spargel insgesamt in einem Päckchen (30 x 45 cm) garen, beträgt die Garzeit etwa 35 Minuten.

Lieblingsrezept Nr.
6

# SPARGEL MIT PARMESAN

Zubereitungszeit: 25 Minuten
Backzeit: etwa 5 Minuten
Vegetarisch

**ZUTATEN FÜR 4 PORTIONEN**

| |
|---|
| 1 kg grüner Spargel |
| 250 ml Wasser |
| 1 gestr. TL Salz |
| 1 TL Butter |
| 80 g ger. Parmesan |
| 80 g zerlassene Butter |

**Pro Portion:**
E: 11 g, F: 26 g, Kh: 5 g, kcal: 297

**1.** Den Backofen vorheizen.
Ober-/Unterhitze: etwa 220 °C
Heißluft: etwa 200 °C

**2.** Den Spargel abspülen, abtropfen lassen, das untere Drittel schälen und die unteren Enden abschneiden. Wasser mit Salz und Butter in einem Topf zum Kochen bringen. Spargel hinzufügen, zum Kochen bringen und zugedeckt etwa 6 Minuten garen.

**3.** Die Spargelstangen mit einer Schaumkelle herausnehmen, abtropfen lassen und in eine flache Auflaufform (gefettet) legen. Spargelstangen mit Parmesan bestreuen. Butter darauf verteilen.

**4.** Die Form auf dem Rost in den vorgeheizten Backofen schieben und den Spargel **etwa 5 Minuten überbacken.**

**Rezeptvarianten:**
Für **gratinierten Spargel** den Backofen vorheizen. Ober-/Unterhitze: etwa 220 °C, Heißluft: etwa 200 °C. 1 kg gegarten weißen Spargel in eine Auflaufform (gefettet) legen. 1 mittelgroße Tomate abspülen, abtrocknen, halbieren und den Stängelansatz herausschneiden. Die Tomate entkernen und in Würfel schneiden. 50 g geriebenen Gratin-Käse mit 25 g Semmelbrösel vermischen. Die Spargelstangen mit 2 Teelöffeln Pesto Genovese (aus dem Glas) bestreichen (nicht zu viel Pesto daraufgeben, sonst schmeckt alles nur nach Pesto). Tomatenwürfel darauf verteilen und mit der Käse-Semmelbrösel- Mischung bestreuen. Mit 2 Esslöffeln Olivenöl beträufeln. Die Form auf dem Rost in den vorgeheizten Backofen schieben und den Spargel 10–15 Minuten gratinieren.

**TIPPS:**

Dazu ofenfrisches Baguette reichen.

Das Gericht schmeckt auch mit weißem Spargel. Dafür den Spargel abspülen, abtropfen lassen und von oben nach unten schälen. Darauf achten, dass die Schalen vollständig entfernt, die Köpfe aber nicht verletzt werden. Die unteren Enden abschneiden (holzige Stellen vollkommen entfernen). Den Spargel etwa 10 Minuten kochen.

Lieblingsrezept Nr.
7

# GEBRATENER SPARGEL

Zubereitungszeit: 30 Minuten
Garzeit: etwa 8 Minuten
Vegetarisch

**ZUTATEN FÜR 4 PORTIONEN**

800 g dünner weißer Spargel
400 g grüner Spargel
60 g Haselnusskerne
80 g getrocknete Aprikosen
3 EL Olivenöl
2 EL flüssiger Lindenblütenhonig
Salz
gem. Pfeffer
1 Stängel Rosmarin
2–3 EL Aceto Balsamico

**Pro Portion:**

E: 8 g, F: 17 g, Kh: 22 g, kcal: 301

**1.** Den Spargel abspülen und abtropfen lassen. Den weißen Spargel von oben nach unten schälen. Darauf achten, dass die Schalen vollständig entfernt, die Köpfe aber nicht verletzt werden. Die unteren Enden abschneiden (holzige Stellen vollkommen entfernen). Von dem grünen Spargel das untere Drittel schälen, die unteren Enden abschneiden. Den weißen Spargel in etwa 1 cm lange Stücke, den grünen Spargel in etwa 2 cm lange Stücke schneiden.

**2.** Haselnusskerne grob hacken. Aprikosen in dünne Streifen schneiden.

**3.** Öl in einer großen Pfanne erhitzen. Die weißen Spargelstücke unter mehrmaligem Wenden bei mittlerer Hitze in etwa 4 Minuten leicht bräunen lassen, dann die grünen Spargelstücke hinzufügen und etwa 3 Minuten mitbraten. Haselnusskerne und Aprikosenstreifen hinzugeben. Honig unterrühren und alles etwa 1 Minute glasieren, mit Salz und Pfeffer würzen.

**4.** Rosmarin abspülen und trocken tupfen. Die Nadeln vom Stängel zupfen. Nadeln fein schneiden. Die Spargelstücke mit Salz, Pfeffer und Rosmarin abschmecken.

**5.** Den gebratenen Spargel auf vorgewärmten Tellern verteilen, mit Aceto Balsamico beträufeln und sofort servieren.

**TIPPS:**

Servieren Sie frisches Ciabatta- oder Bauernbrot dazu.

Wem der Spargel so zubereitet zu knackig ist, kann den Spargel vor dem Braten kurz blanchieren.

Lieblingsrezept Nr.
8

# SPARGELCREME-SUPPE

Zubereitungszeit: 45 Minuten
Garzeit: 35–37 Minuten
Vegetarisch

**ZUTATEN FÜR 4 PORTIONEN**

- 500 g weißer Spargel
- 1 gestr. TL Salz
- 1 TL Zucker
- 60 g Butter
- 1 l Wasser
- etwa 300 ml Milch (3,5 % Fett)
- 30 g Weizenmehl
- 1/2 Bund Petersilie
- gem. weißer Pfeffer
- ger. Muskatnuss
- 2 Eigelb (Größe M)
- 3 EL Schlagsahne (mind. 30 % Fett)

**Pro Portion:**

E: 7 g, F: 22 g, Kh: 13 g, kcal: 276

**1.** Spargel abspülen und abtropfen lassen. Spargel von oben nach unten schälen. Dabei darauf achten, dass die Schalen vollständig entfernt, die Köpfe aber nicht verletzt werden. Die unteren Enden abschneiden (holzige Stellen vollkommen entfernen). Schalen und Enden beiseitelegen. Die Spargelstangen in etwa 3 cm lange Stücke schneiden.

**2.** Die beiseitegelegte Spargelenden und -schalen in einen Topf geben. Salz, Zucker und 20 g Butter hinzufügen. Wasser hinzugießen, zum Kochen bringen und zugedeckt etwa 15 Minuten bei mittlerer Hitze kochen lassen.

**3.** Spargelenden und -schalen durch ein Sieb gießen, die Kochflüssigkeit dabei auffangen, wieder in den Topf geben und zum Kochen bringen. Spargelstücke hinzugeben, zum Kochen bringen und zugedeckt in 10–12 Minuten bissfest garen.

**4.** Die Spargelstücke in einem Sieb abtropfen lassen, dabei die Kochflüssigkeit wieder auffangen und mit Milch auf 1 Liter auffüllen.

**5.** Restliche Butter in dem Topf zerlassen. Mehl darin unter Rühren erhitzen, bis es hellgelb ist. Die Spargel-Milch-Flüssigkeit nach und nach hinzugießen, mit einem Schneebesen kräftig durchschlagen. Dabei darauf achten, dass keine Klümpchen entstehen.

**6.** Die Suppe zum Kochen bringen und etwa 10 Minuten bei schwacher Hitze ohne Deckel leicht kochen lassen, dabei gelegentlich umrühren.

**7.** Petersilie abspülen und trocken tupfen. Die Blättchen von den Stängeln zupfen. Die Blättchen klein schneiden.

**8.** Die Suppe mit Salz, Zucker, Pfeffer und Muskat würzen. Eigelb mit Sahne verschlagen und 4 Esslöffel von der Suppe unterrühren.

**9.** Die Eigelb-Sahne unter die Suppe rühren, die Suppe nicht mehr kochen lassen. Die abgetropften Spargelstücke hinzufügen und kurz darin erwärmen. Die Spargelcremesuppe mit Petersilie bestreuen und servieren.

**TIPP:**

Nach Belieben zusätzlich 50 g Kochschinken in Streifen schneiden und mit den Spargelstücken in der Suppe erhitzen.

Lieblingsrezept Nr.
9

# SPARGEL-KERBEL-SUPPE MIT HACKKLÖSSCHEN

Zubereitungszeit: 40 Minuten
Garzeit: etwa 15 Minuten

**ZUTATEN FÜR 4 PORTIONEN**

**Für die Hackklößchen:**

- 200 g Tatar oder gemischtes Hackfleisch (halb Rind-/halb Schweinefleisch)
- 2 EL weiche Butter
- 1 Eigelb (Größe M)
- 30 g Semmelbrösel
- 1 EL fein gehackte Petersilie
- Salz
- frisch gem. Pfeffer
- frisch ger. Muskatnuss

**Für die Suppe:**

- 750 g weißer Spargel
- 250 g Champignons
- 1 Bund Suppengrün (Möhren, Knollensellerie, Lauch)
- 3 Frühlingszwiebeln
- 3 EL Butter
- 750 ml ($^3/_4$ l) Gemüsebrühe
- 3 EL Crème fraîche
- 2 EL gehackte Kerbelblättchen

**Pro Portion:**

E: 19 g, F: 34 g, Kh: 15 g, kcal: 441

**1.** Für die Hackklößchen Tatar oder Hackfleisch in eine Schüssel geben. Butter, Eigelb, Semmelbrösel und Petersilie hinzugeben. Die Zutaten zu einer geschmeidigen Masse verkneten. Mit Salz, Pfeffer und Muskat würzen. Aus der Masse mit angefeuchteten Händen Klößchen formen.

**2.** Für die Suppe den Spargel abspülen und abtropfen lassen. Spargel von oben nach unten schälen. Darauf achten, dass die Schalen vollständig entfernt, die Köpfe aber nicht verletzt werden. Spargel in etwa 3 cm lange Stücke schneiden. Champignons putzen, mit Küchenpapier abreiben, evtl. kurz abspülen. Anschließend trocken tupfen und in Scheiben schneiden.

**3.** Möhren und Sellerie putzen, schälen, abspülen, abtropfen lassen und in feine Streifen schneiden. Lauch putzen. Die Stange längs halbieren, gründlich waschen und abtropfen lassen. Frühlingszwiebeln putzen, waschen und abtropfen lassen. Lauch und Frühlingszwiebeln ebenfalls in feine Streifen schneiden.

**4.** Butter in einem Topf zerlassen. Vorbereitete Gemüsestreifen darin unter Wenden leicht andünsten, Brühe hinzugießen und zum Kochen bringen. Spargelstücke hinzufügen und wieder zum Kochen bringen. Nach etwa 10 Minuten Garzeit Champignonscheiben und Klößchen in die Suppe geben, etwa 5 Minuten bei schwacher Hitze gar ziehen lassen. Crème fraîche unterrühren.

**5.** Die Suppe in Suppentassen füllen und mit Kerbel bestreut servieren.

**TIPPS:**

Statt der Hackfleischklößchen rohe oder gekochte Schinkenstreifen oder gebratene Hähnchenbruststreifen in die Suppe geben.

Nach Wunsch geröstete Ciabattabrotscheiben dazu reichen.

Sie können die Suppe auch mit etwas Weißwein abschmecken.

Lieblingsrezept Nr.
10

# SPARGEL-REIS-SUPPE

Zubereitungszeit: 50 Minuten
Garzeit: 25–28 Minuten

**ZUTATEN FÜR 4 PORTIONEN**

125 g Langkornreis
Salz
500 g weißer Spargel
250 ml Wasser
Zucker
30 g Butter
20 g Weizenmehl
750 ml Gemüsebrühe
gem. Pfeffer
ger. Muskatnuss
einige Spritzer Zitronensaft

**Pro Portion:**
E: 5 g, F: 7 g, Kh: 31 g, kcal: 213

**1.** Reis in kochendem Salzwasser zugedeckt bei mittlerer Hitze 12–15 Minuten garen. Den gegarten Reis in einem Sieb abtropfen lassen.

**2.** Den Spargel abspülen, abtropfen lassen und von oben nach unten dünn schälen, dabei darauf achten, dass die Schalen vollständig entfernt, die Köpfe aber nicht verletzt werden. Die unteren Enden abschneiden (die holzigen Stellen volkommen entfernen). Spargel in etwa 3 cm lange Stücke schneiden.

**3.** Wasser in einem Topf zugedeckt zum Kochen bringen. Je 1 Prise Salz und Zucker hinzufügen. Spargelstücke darin etwa 8 Minuten garen. Spargelstücke in einem Sieb abtropfen lassen, dabei das Spargelwasser auffangen.

**4.** Die Butter in einem Topf zerlassen. Mehl darin unter Rühren so lange erhitzen, bis es hellgelb ist. Die Gemüsebrühe nach und nach hinzugießen und mit einem Schneebesen kräftig durchschlagen, dabei darauf achten, dass keine Klümpchen entstehen. Die Suppe zum Kochen bringen und bei schwacher Hitze etwa 5 Minuten unter gelegentlichem Rühren kochen lassen.

**5.** Aufgefangenes Spargelwasser mit den Spargelstücken unterrühren. Den gegarten Reis ebenfalls in die Suppe geben und alles nochmals kurz erwärmen. Die Suppe mit Salz, Pfeffer, Muskat und Zitronensaft abschmecken.

**TIPP:**

Die Suppe in Suppenschalen anrichten und mit Frühlingszwiebelscheiben bestreut servieren.

Lieblingsrezept Nr.

# 11

# SPARGELSCHAUM-SUPPE

Zubereitungszeit: 15 Minuten
Garzeit: etwa 10 Minuten

**ZUTATEN FÜR 4 PORTIONEN**

- 600 g grüner Spargel
- 1 l Wasser
- Salz
- 1 TL Instant-Gemüsebrühe oder gekörnte Brühe
- gem. Pfeffer
- 1 Prise Zucker
- 80 g eiskalte Butter
- 1 große mehligkochende Kartoffel (etwa 200 g)
- ger. Muskatnuss
- einige Stängel Kerbel
- 12 gegarte, küchenfertige Garnelen (aus dem Kühlregal)

**Pro Portion:**

E: 13 g, F: 18 g, Kh: 12 g, kcal: 262

**1.** Spargel abspülen und abtropfen lassen. Vom Spargel das untere Drittel schälen und die angetrockneten Enden abschneiden. Die Spargelstangen längs halbieren und in Scheiben schneiden. Wasser mit ½ Teelöffel Salz, Brühepulver oder gekörnte Brühe, etwas Pfeffer, Zucker und 1 TL Butter in einem Topf zugedeckt zum Kochen bringen.

**2.** Spargelscheiben in den Kochsud geben, wieder zugedeckt aufkochen und etwa 5 Minuten bei schwacher Hitze kochen lassen.

**3.** Kartoffel schälen, abspülen, abtropfen lassen und grob raspeln. Kartoffelraspel zu den Spargelstücken geben und alles weitere etwa 5 Minuten mitkochen lassen. Suppe mit Salz, Pfeffer und Muskat würzen.

**4.** Den Topf von der Kochstelle nehmen und die Zutaten in der Suppe fein pürieren. Die übrige Butter in Stückchen hinzugeben und kurz unterpürieren. Kerbelstängel abspülen, trocken tupfen.

**5.** Die Suppe nochmals abschmecken, mit den Garnelen und den Kerbelstängeln garniert servieren.

**TIPP:**

Zusätzlich können Sie geröstete Weißbrotwürfel zu der Suppe reichen. Entrinden Sie dazu 2 Scheiben Weißbrot und schneiden Sie die Scheiben in Würfel. Zerlassen Sie dann 50 g Butter und rösten Sie darin unter Wenden die Weißbrotwürfel.

Lieblingsrezept Nr.

# 12

# GEFLÜGEL-SPARGEL-SALAT

Zubereitungszeit: 15 Minuten

**ZUTATEN FÜR 4 PORTIONEN**

400 g gekochtes, enthäutetes Hühnerfleisch
200 g gegarter Spargel

**Für die Salatsauce:**

6 EL Salatmayonnaise
2 EL Joghurt (3,5 % Fett)
Salz
frisch gem. Pfeffer
Zucker
Zitronensaft
2 Pfirsichhälften (aus der Dose)
etwas Kerbel

Pro Portion:
E: 50 g, F: 42 g, Kh: 18 g, kcal: 638

**1.** Hühnerfleisch in feine Streifen schneiden. Spargel in 2–3 cm lange Stücke schneiden (einige Spargelspitzen zum Garnieren beiseitelegen).

**2.** Für die Sauce Mayonnaise mit Joghurt verrühren. Mit Salz, Pfeffer, Zucker und Zitronensaft würzen. Pfirsichhälften in kleine Stücke schneiden.

**3.** Fleischstreifen mit den Spargelstücken und der Sauce vorsichtig vermengen. Die Pfirsichstücke unterheben.

**4.** Kerbel abspülen und trocken tupfen. Die Blättchen von den Stängeln zupfen. Den Salat in Gläsern anrichten, mit den beiseitegelegten Spargelspitzen und Kerbelblättchen garnieren. Sofort servieren.

**TIPPS:**

Statt des gekochten Hühnerfleisches, können Sie auch ein halbes gegrilltes Hähnchen ohne Haut verwenden.

Bereiten Sie den Spargelsalat mit übriggebliebenem Spargel vom Vortag zu.

Lagern Sie frischen Spargel auf jeden Fall an einem kühlen Ort, am besten im Gemüsefach des Kühlschranks. Weißen Spargel wickeln Sie zur Aufbewahrung in ein feuchtes Tuch. So hält er sich gut 2–3 Tage frisch. Grünen Spargel lagern Sie am besten aufrecht, in Wasser stehend.

Lieblingsrezept Nr.
13

# SPARGEL-KARTOFFEL-SALAT

Zubereitungszeit: 60 Minuten, ohne Abkühlzeit
Garzeit: etwa 15 Minuten
Vegetarisch

**ZUTATEN FÜR 12 PORTIONEN**

2 kg kleine neue Kartoffeln, z. B. Drillinge
Salz
2 1/2 kg grüner Spargel
750 g Möhren
75 g geschälte Sesamsamen
500 g Frühlingszwiebeln

**Für das Dressing:**

1 1/2 kg Joghurt (3,5 % Fett)
60 ml Sojasauce
50 ml Sesamöl
gem. Pfeffer
evtl. 2 Beete Shiso-Kresse (ersatzweise Gartenkresse)

**Pro Portion:**

E: 14 g, F: 13 g, Kh: 43 g, kcal: 349

**1.** Die Kartoffeln gründlich abspülen, eventuell abbürsten, knapp mit Wasser bedeckt, zugedeckt zum Kochen bringen und 2 gestrichene Teelöffel Salz hinzugeben. Die Kartoffeln in etwa 15 Minuten gar kochen. Kartoffeln abgießen und abkühlen lassen.

**2.** In der Zwischenzeit Spargel abspülen und abtropfen lassen. Von dem Spargel das untere Drittel schälen und die unteren Enden abschneiden. Spargel schräg in etwa 4 cm lange Stücke schneiden. Möhren putzen, schälen, abspülen, abtropfen lassen und in Stifte schneiden.

**3.** Salzwasser in einem großen Topf zum Kochen bringen. Zuerst die Spargelstücke darin zugedeckt 6–8 Minuten bissfest garen. Dann die Spargelstücke mit einer Schaumkelle aus dem Topf nehmen, mit kaltem Wasser abschrecken und abtropfen lassen.

**4.** Dann die Möhrenstifte in das kochende Salzwasser geben und etwa 2 Minuten kochen lassen. Die Möhrenstifte in ein Sieb abgießen, mit kaltem Wasser abschrecken und abtropfen lassen.

**5.** Sesam in einer Pfanne ohne Fett unter Wenden goldbraun rösten und auf einen Teller geben. Frühlingszwiebeln putzen, abspülen, abtropfen lassen und schräg in feine Scheiben schneiden. Die Kartoffeln nach Belieben pellen. Kartoffeln halbieren oder vierteln.

**6.** Für das Dressing Joghurt mit Sojasauce und Sesamöl gut verrühren, mit Salz und Pfeffer würzen. Kartoffeln mit den Frühlingszwiebelscheiben zum Dressing geben und vermischen. Spargelstücke und Möhrenstifte unterheben.

**7.** Kresse abspülen, abtropfen lassen und vom Beet schneiden. Den Kartoffelsalat nochmals abschmecken, anrichten und mit Kresse bestreuen.

**TIPPS:**

Zum Mitnehmen auf eine Party bereiten Sie den Salat und das Dressing separat zu und verpacken es in verschiedenen Behältern. Den Salat erst kurz vor dem Verzehr anmachen.

Außerhalb der Saison den Salat statt mit Spargel z. B. mit gedünsteten Kohlrabistreifen zubereiten.

Lieblingsrezept Nr.
14

# SPARGEL-NUDEL-SALAT

Zubereitungszeit: 35 Minuten, ohne Durchziehzeit
Garzeit: 5–8 Minuten
Vegetarisch

**ZUTATEN FÜR 4 PORTIONEN**

**Für den Salat:**

200 g Nudeln, z. B. Mini Penne Rigate
Salz
600 g grüner Spargel
80 g Frühlingszwiebeln
60 g gehobelte Mandeln
700 g Wassermelone
3 Stängel Basilikum

**Für das Dressing:**

1 Bio-Zitrone (unbehandelt, ungewachst)
gem. Pfeffer
1 TL Honig
4 EL Olivenöl

**Pro Portion:**

E: 14 g, F: 19 g, Kh: 49 g, kcal: 434

**1.** Für den Salat Penne in kochendem Salzwasser nach Packungsanleitung bissfest kochen, dabei gelegentlich umrühren. Anschließend die Penne in ein Sieb geben, mit kaltem Wasser abspülen und abtropfen lassen.

**2.** Spargel abspülen, abtropfen lassen, das untere Drittel schälen und die trockenen Enden abschneiden. Spargelstangen, bis zur Spitze, in etwa 1 cm breite Stücke schneiden.

**3.** In einem kleinen Topf 70 ml Wasser aufkochen, die Spargelstücke hineingeben, leicht salzen und zugedeckt bei mittlerer Hitze 2–3 Minuten garen. Inzwischen die Frühlingszwiebeln putzen, abspülen und quer in schmale Ringe schneiden. Die Ringe unter den Spargel heben. Das Ganze in einem Sieb abtropfen lassen, dabei den Sud auffangen (etwa 6 Esslöffel).

**4.** Mandeln in einer Pfanne ohne Fett goldbraun rösten, auf einen Teller geben und abkühlen lassen. Wassermelone in etwa 1 cm dicke Scheiben schneiden, schälen, evtl. entkernen und in 1 cm große Würfel schneiden. Penne, Spargelstücke und Melonenwürfel mischen.

**5.** Basilikum abspülen und trocken tupfen. Von 2 Stängeln die Blätter abzupfen und in Streifen schneiden.

**6.** Für das Dressing Zitrone heiß abwaschen, trocken tupfen und 1 Teelöffel der Schale fein abreiben. Die Zitrone halbieren und auspressen. Den aufgefangenen Sud mit Salz, Pfeffer, Zitronensaft- und schale, Honig und Öl verrühren und abschmecken. Die Sauce, Mandeln und Basilikumstreifen zu den übrigen Zutaten geben und unterheben.

**7.** Den Salat 15 Minuten stehen lassen, nochmals umrühren und abschmecken. Mit übrigen Basilikumblättern garnieren.

**TIPP:**

Wer den Salat nussiger haben möchte, verwendet für die Salatsauce anstelle des Olivenöls ein mildes Mandel- oder Nussöl.

Lieblingsrezept Nr.

# 15

# SPARGELSALAT

Zubereitungszeit: etwa 25 Minuten, ohne Abkühl- und Durchziehzeit
Garzeit: 12–15 Minuten
Vegetarisch

**ZUTATEN FÜR 4 PORTIONEN**

- 3 Eier (Größe M)
- 3 Tomaten
- 500 g weißer Spargel
- 300 g grüner Spargel
- Salz
- Zucker
- 4 EL Weißweinessig
- Saft und Schale von 1 Bio-Orange (unbehandelt, ungewachst)
- 1/2 EL scharfer Pommerysenf, fein oder gekörnt
- 1 EL Honig
- 3 EL gehackte Petersilie
- 3 EL Schnittlauchröllchen
- 5–6 EL Olivenöl
- gem. Pfeffer
- einige grüne Salatblätter

**Pro Portion**

E: 9 g, F: 17 g, Kh: 10 g, kcal: 237

**1.** Die Eier in etwa 10 Minuten hart kochen. Tomaten abspülen, abtrocknen, vierteln, Stängelansatz und Kerne entfernen und das Fruchtfleisch in kleine Würfel schneiden. Eier in kaltem Wasser abschrecken und pellen.

**2.** Spargel abspülen und abtropfen lassen. Den weißen Spargel von oben nach unten schälen. Darauf achten, dass die Schalen vollständig entfernt, die Köpfe aber nicht verletzt werden. Die unteren Enden abschneiden (holzige Stellen vollkommen entfernen). Vom grünen Spargel das untere Drittel schälen und die Enden abschneiden. Spargel in Stücke schneiden. Gut gesalzenes Wasser mit einer Prise Zucker zum Kochen bringen und den weißen Spargel darin 12–15 Minuten kochen. 4 Minuten vor Ende der Garzeit den grünen Spargel mit in den Topf geben und mitgaren.

**3.** Aus Essig, Orangensaft und -schale, Senf, Honig, der Hälfte der Kräuter sowie dem Olivenöl eine Vinaigrette anrühren und mit Salz und Pfeffer abschmecken. Die Hälfte der Tomatenwürfel mit in die Vinaigrette geben.

**4.** Den Spargel aus dem Topf nehmen und noch heiß in die Vinaigrette legen. Spargel in der Vinaigrette auskühlen lassen. Dabei hin und wieder damit übergießen und etwa 30 Minuten durchziehen lassen.

**5.** Zum Anrichten die Eier hacken und mit den restlichen Tomatenwürfeln, Kräutern und 5–6 Esslöffeln von der Spargelvinaigrette mischen.

**6.** Salatblätter waschen und trocken tupfen oder trocken schleudern. Salatblätter auf Tellern oder einer Platte verteilen. Dann den Spargel darauf anrichten, die Eier-Tomaten-Kräutermischung auf den marinierten Spargel geben und servieren.

**TIPP:**

Den Spargelsalat mit einigen Scheiben Räucherlachs oder mit Shrimps garnieren.

Lieblingsrezept Nr.
16

# SPINATSALAT MIT GRÜNEM SPARGEL UND HUMMUS

Zubereitungszeit: 60 Minuten, ohne Einweichzeit
Vegan

**ZUTATEN FÜR 4 PORTIONEN**

**Zum Vorbereiten:**

200 g Kichererbsen

**Für den Hummus:**

3 Knoblauchzehen
2 EL Zitronensaft
5 EL mildes Olivenöl
Salz
Cayennepfeffer
500 g grüner Spargel

**Für das Dressing:**

2 EL Weißweinessig
2 EL Agavendicksaft
1 EL mittelscharfer Senf
5 EL Olivenöl
gem. Pfeffer

4 mittelgroße Tomaten
200 g junger Blattspinat
2 EL geröstete Pinienkerne

**Pro Portion:**

E: 16 g, F: 33 g, Kh: 35 g, kcal: 498

**1.** Zum Vorbereiten Kichererbsen in kaltem Wasser über Nacht einweichen.

**2.** Für den Hummus von den eingeweichten Kichererbsen das Wasser abgießen. Die Häute von den Kichererbsen abrubbeln und entfernen. Kichererbsen mit Wasser bedeckt in einem Topf zum Kochen bringen und zugedeckt in etwa 60 Minuten weich kochen. Die garen Kichererbsen in einem Sieb abtropfen lassen, dabei die Kochflüssigkeit auffangen.

**3.** Den Knoblauch abziehen und halbieren. Die Kichererbsen mit Knoblauch, Zitronensaft, Olivenöl, Salz und Cayennepfeffer in einer Küchenmaschine pürieren. So viel von der aufgefangenen Kochflüssigkeit hinzugeben, dass eine cremige Konsistenz entsteht.

**4.** Spargel abspülen und abtropfen lassen. Von dem Spargel nur das untere Drittel schälen und die Enden abschneiden. Spargel in etwa 3 cm lange Stücke schneiden. Spargelstücke in kochendem Salzwasser etwa 4 Minuten bissfest kochen. Spargelstücke mit einer Schaumkelle herausnehmen und mit kaltem Wasser abschrecken.

**5.** Für das Dressing Essig mit Agavendicksaft und Senf verrühren, Olivenöl unterschlagen. Mit Salz und Pfeffer würzen.

**6.** Die Tomaten abspülen, trocken tupfen, halbieren und die Stängelansätze herausschneiden. Tomaten in Spalten (Sechstel) schneiden.

**7.** Den Blattspinat verlesen, dicke Stiele entfernen. Spinat gründlich waschen, trocken schleudern oder gut trocken tupfen und in eine Schüssel geben. Dressing vorsichtig untermischen. Die Spargelstücke unterheben. Den Spargelsalat auf 4 Tellern oder einer Platte anrichten. Die Tomatenspalten und Pinienkerne darauf verteilen. Den Salat mit dem Hummus servieren.

**TIPP:**

Dazu passt ofenfrisches Fladenbrot.

Lieblingsrezept Nr.
17

# SÜSSKARTOFFEL-SALAT MIT GRÜNEM SPARGEL

Zubereitungszeit: 35 Minuten, ohne Durchziehzeit
Garzeit: 5–6 Minuten
Vegetarisch

**ZUTATEN FÜR 4 PORTIONEN**

- 400 g grüner Spargel
- 1 Süßkartoffel (etwa 350g)
- Salz
- 1/2 Bund Schnittlauch
- 50 g abgetropfte schwarze Oliven (ohne Stein)
- 1 Bio-Zitrone (unbehandelt, ungewachst)
- 4 EL Olivenöl
- gem. Pfeffer
- 200 g Schafskäse

**Pro Portion:**

E: 11 g, F: 23 g, Kh: 20 g, kcal: 339

**1.** Spargel abspülen und abtropfen lassen. Vom Spargel das untere Drittel schälen und die angetrockneten Enden abschneiden. Die Stangen in 1–1 ½ cm breite Stücke schneiden. Die Süßkartoffel schälen, abspülen, abtropfen lassen und in etwa 1 cm große Würfel schneiden.

**2.** Die Süßkartoffelwürfel knapp mit Wasser bedeckt, zugedeckt zum Kochen bringen. 1 Teelöffel Salz hinzugeben. Zugedeckt bei mittlerer Hitze etwa 2 Minuten kochen, den Spargel hinzugeben und zugedeckt 3–4 Minuten weiter garen. Das Gemüse in eine Schüssel geben und abkühlen lassen.

**3.** Den Schnittlauch abspülen, trocken tupfen und in feine Röllchen schneiden. Die Oliven in Spalten schneiden. Die Zitrone heiß abwaschen, abtrocknen und etwas Schale fein abreiben. Die Zitrone halbieren und auspressen.

**4.** Das Gemüse mit Zitronenschale und 2–3 Esslöffeln Zitronensaft, Olivenöl, Oliven und der Hälfte des Schnittlauchs verrühren. Mit Salz und Pfeffer würzen und etwa 15 Minuten durchziehen lassen.

**5.** Den Schafskäse abtropfen lassen und in Scheiben schneiden. Den Salat mit Salz und Pfeffer abschmecken, mit Schafskäse anrichten und mit restlichem Schnittlauch bestreuen.

Lieblingsrezept Nr.

# 18

# DEFTIGE SPARGELBROTE

Zubereitungszeit: 30 Minuten
Garzeit: 10–13 Minuten

**ZUTATEN FÜR 4 PORTIONEN**

- 8 Scheiben Krusten- oder Graubrot (je etwa 40 g)
- 40 g Butter (zimmerwarm)
- 800 g grüner Spargel
- ½ Radicchio
- 1 EL Rapsöl
- Salz
- gem. Pfeffer
- 1 TL Zucker
- 200 g Frischkäse mit Meerrettich
- 125 g gewürfelter Katenschinken
- evtl. etwas frischer Meerrettich zum Hobeln

**Pro Portion:**

E: 24 g, F: 34 g, Kh: 43 g, kcal: 592

**1.** Die Brotscheiben dünn mit Butter bestreichen und auf ein Backblech (mit Backpapier belegt) legen.

**2.** Den Backofen vorheizen. Ober-/Unterhitze: etwa 220 °C Heißluft: etwa 200 °C

**3.** Für den Belag den Spargel abspülen, abtropfen lassen, das untere Drittel schälen und jeweils das Ende abschneiden. Die Stangen schräg in jeweils 4 lange Scheiben schneiden. Vom Radicchio die äußeren, welken Blätter und den Strunk entfernen. Die Salatblätter abspülen, trocken tupfen und in mundgerechte Stücke teilen.

**4.** Die Brotscheiben in den vorgeheizten Backofen schieben und **5–8 Minuten hellbraun rösten.**

**5.** Inzwischen das Öl in einer großen Pfanne erhitzen. Die Spargelscheiben darin bei mittlerer Hitze etwa 5 Minuten braten, dabei immer wieder wenden. Die Spargelscheiben mit Salz, Pfeffer und Zucker würzen.

**6.** Die lauwarmen Brotscheiben mit Frischkäse bestreichen und mit Radicchio belegen. Darauf die Spargelscheiben und den Schinken verteilen. Bei Bedarf den Meerrettich schälen und über die Spargelscheiben hobeln. Die Brote sofort servieren.

**TIPPS:**

Für eine fleischlose Variante, den Schinken weglassen und durch 40 g geröstete, gehackte Mandeln oder Pinienkerne ersetzen.

Anstelle von Radicchio können Sie auch Rote-Bete-Blätter verwenden.

Lieblingsrezept Nr.
19

# GEMÜSE-CARPACCIO

Zubereitungszeit: etwa 40 Minuten
Garzeit: 5–8 Minuten
Vegetarisch

**ZUTATEN FÜR 4–8 PORTIONEN**

**Für das Carpaccio:**

450 g Möhren (4–5 Stück)
500 g grüner Spargel (1 Bund)
200 g Zuckerschoten
2 l Wasser
2 gestr. TL Salz
250 g kleine Tomaten (etwa 3 Stück)
½ Bund Frühlingszwiebeln
5 Stängel Kerbel
5 Stängel glatte Petersilie

**Für die Salatsauce:**

2 Schalotten oder 2 kleine Zwiebeln
4 EL weißer Balsamico-Essig
2 ½ EL Orangensaft
1–2 TL flüssiger Honig
Salz
gem. Pfeffer
8 EL Traubenkern- oder Nussöl

**Pro Portion:**

E: 3 g, F: 10 g, Kh: 10 g, kcal: 156

**1.** Für das Carpaccio die Möhren putzen, schälen, abspülen und abtropfen lassen. Möhren längs mit einem Sparschäler in dünne Streifen (Scheiben) schneiden. Spargel abspülen und abtropfen lassen. Von dem grünen Spargel nur das untere Drittel schälen und die unteren Enden abschneiden.

**2.** Von den Zuckerschoten die Enden abschneiden, dabei evtl. die Fäden mit abziehen. Zuckerschoten abspülen, abtropfen lassen.

**3.** Das Gemüse in kochendem Salzwasser blanchieren. Dafür Wasser in dem Topf zum Kochen bringen. Das Salz hinzufügen. Das Gemüse portionsweise darin vorgaren (Möhren und Spargel 2–3 Minuten, Zuckerschoten 1–2 Minuten). Das Gemüse mit einem Schaumlöffel aus dem Topf nehmen, in das Sieb geben, in Eiswasser abschrecken und gut abtropfen lassen.

**4.** Die Tomaten kreuzweise einschneiden und mit kochendem Wasser übergießen. Nach 1–2 Minuten herausnehmen und mit kaltem Wasser abschrecken. Tomaten häuten, halbieren, entkernen und die Stängelansätze herausschneiden. Tomatenhälften in Spalten schneiden.

**5.** Die Frühlingszwiebeln putzen, abspülen, abtropfen lassen und in sehr dünne Scheiben schneiden.

**6.** Kerbel und Petersilie abspülen, trocken tupfen und die Blättchen von den Stängeln zupfen. Etwa die Hälfte der Blättchen klein schneiden. Restliche Blättchen zum Garnieren beiseitelegen.

**7.** Für die Salatsauce Schalotten oder Zwiebeln abziehen und in kleine Würfel schneiden. Essig mit Orangensaft und 1 Teelöffel Honig in einer Schüssel verrühren, mit Salz und Pfeffer würzen. Das Öl unterschlagen. Schalotten oder Zwiebeln und klein geschnittene Kräuter unterrühren. Sauce abschmecken.

**8.** Möhrenstreifen/-scheiben, Spargel, Zuckerschoten und Frühlingszwiebelscheiben auf einer großen Platte anrichten. Das Gemüse mit etwa zwei Dritteln der Sauce beträufeln. Die Tomatenspalten darauf verteilen.

**9.** Das Gemüse-Carpaccio mit den beiseitegelegten Kerbel- und Petersilienblättchen garnieren. Restliche Sauce dazu reichen.

**TIPP:**

Für ein Gemüse-Carpaccio eignen sich nahezu alle Gemüsesorten (je nach Gemüsesorte 1–3 Minuten vorgaren).

Lieblingsrezept Nr.

# 20

# GRÜNER SPARGEL IM YUFKATEIG

Zubereitungszeit: 40 Minuten
Backzeit: etwa 20 Minuten

**ZUTATEN FÜR 4 PORTIONEN**

- 500 g grüner Spargel
- 1 Bund Frühlingszwiebeln (etwa 100 g)
- 150 g Ziegenfrischkäse
- 100 g rohe Schinkenwürfel
- 50 g Sonnenblumenkerne
- Salz
- gem. Pfeffer
- 70 g Butter
- 1 EL Milch (3,5 % Fett)
- 24 dreieckförmige Yufka-Teigblätter (1 Pck., etwa 360 g)
- 1 Ei (Größe M)
- 1 TL Wasser

**Pro Portion:**

E: 28 g, F: 33 g, Kh: 34 g, kcal: 521

1. Für die Füllung Spargel abspülen, abtropfen lassen und das untere Drittel schälen. Die unteren Enden abschneiden. Spargelstangen in etwa 8 cm lange Stücke schneiden.

2. Frühlingszwiebeln putzen, abspülen, abtropfen lassen und in feine Ringe schneiden. Frühlingszwiebelringe mit Ziegenfrischkäse, Schinkenwürfeln und Sonnenblumenkernen verrühren, mit Salz und Pfeffer würzen.

3. Den Backofen vorheizen.
Ober-/Unterhitze: etwa 200 °C
Heißluft: etwa 180 °C

4. Die Butter schmelzen und mit der Milch verrühren. Die Teigblätter auf der Arbeitsfläche ausbreiten und mit der Buttermasse bestreichen. Jeweils 2 bestrichene Blätter aufeinanderlegen.

5. Auf das breite, untere Teigdrittel jeweils 1 Esslöffel der Füllung und je 2–3 Spargelstücke geben. Die Längsseiten der Blätter etwa 2 cm breit über die Füllung, zur Mitte einschlagen. Das Ei mit Wasser verschlagen und auf die eingeschlagenen Teigränder streichen. Die Blätter mit der Füllung vom breiten Ende zur Spitze hin aufrollen und auf ein Backblech (mit Backpapier belegt) legen.

6. Die aufgerollten Blätter mit der restlichen Buttermasse bestreichen. Das Backblech in den vorgeheizten Backofen schieben.

7. Die gefüllten Blätter **etwa 20 Minuten goldbraun backen.**

**TIPPS:**

Das Gericht mit süß-scharfer Chilisauce oder Kräutervinaigrette servieren.

Für eine vegetarische Variante, die Schinkenwürfel durch 30 g getrocknete, fein gehackte Tomaten ersetzen.

Yufkablätter gibt es in gut sortierten Supermärkten und türkischen Lebensmittelgeschäften.

Lieblingsrezept Nr.
21

# PANIERTE SPARGELSTÜCKE

Zubereitungszeit: 35 Minuten
Garzeit: etwa 17 Minuten
Vegetarisch

**ZUTATEN FÜR 4 PORTIONEN**

**Für den panierten Spargel:**

- 1 kg weißer Spargel
- Salz
- 3 Eier (Größe M)
- 1 EL Wasser
- 50 g Weizenmehl
- 80 g Panko (japanisches, grobes Paniermehl)
- 120 ml Rapsöl

**Für die Sauce:**

- 150 g kalte Butter
- 2 Eigelb (Größe M)
- 3 EL passierte Tomaten
- Salz
- gem. Pfeffer
- Zucker
- 1–2 TL Zitronensaft

**Zusätzlich:**

- ½ Kopfsalat

**Pro Portion:**

E: 15 g, F: 52 g, Kh: 29 g, kcal: 655

**1.** Für den panierten Spargel den Spargel abspülen, abtropfen lassen, schälen und die holzigen Enden abschneiden. Die Spargelschalen mit 250 ml gesalzenem Wasser in einem Topf zum Kochen bringen. Die Schalen bei schwacher Hitze zugedeckt etwa 15 Minuten ziehen lassen.

**2.** Inzwischen die Spargelstangen 3–4-mal quer durchschneiden. Spargelschalen in einem Sieb abtropfen lassen, dabei den Sud auffangen. Den Sud wieder aufkochen. Die Spargelstücke darin etwa 2 Minuten bei mittlerer Hitze garen. Die Stücke mit der Schaumkelle herausheben abtropfen lassen und auf einem Teller abkühlen lassen. Den Sud auf 150 ml einkochen lassen.

**3.** Kopfsalat putzen, abspülen, trocken tupfen oder schleudern und in mundgerechte Stücke zupfen.

**4.** Zum Panieren 2 Eier zusammen mit Wasser in einem Teller verquirlen. Mehl und Panko auf zwei andere Teller geben. Die Spargelstücke erst in Mehl wenden, dann in Ei wälzen und überschüssiges Ei abtropfen lassen. Zum Schluss die Stangen in Panko wälzen.

**5.** Das Öl in einem Topf erhitzen. Die panierten Spargelstücke darin portionsweise goldbraun backen, mit einer Schaumkelle herausheben und auf einem Kuchengitter oder Küchenpapier abtropfen lassen.

**6.** Inzwischen für die Sauce Butter in etwa 1 cm große Würfel schneiden, den Sud, passierte Tomaten, das verbliebene Ei und Eigelb in einem Topf mit dickem Boden verquirlen. Das Ganze bei schwacher bis mittlerer Hitze mit dem Schneebesen zu einer Creme aufschlagen. Nach und nach die kalten Butterwürfel unterrühren und in der Sauce schmelzen lassen. Die Sauce darf nicht kochen, da sonst das Ei gerinnt.

**7.** Die Sauce mit Salz, Pfeffer, Zucker und Zitronensaft abschmecken. Nacheinander Salatblätter und Spargelstücke auf 4 Teller geben und mit etwas Sauce besprenkeln. Restliche Sauce dazu servieren.

**TIPPS:**

Um dem Spargel einen Buttergeschmack zu geben, das Öl durch Butterschmalz ersetzen.

Die panierten Stücke nach Belieben mit in Streifen geschnittener Petersilie, Basilikum oder Kerbel garnieren.

Lieblingsrezept Nr.
22

# SPARGEL-BLÄTTER-TEIG-MINIMUFFINS

Zubereitungszeit: 50 Minuten, ohne Auftauzeit
Backzeit: 20–25 Minuten je Form
Vegetarisch

**ZUTATEN FÜR 48 STÜCK**

- 250 g TK-Blattspinat
- 350 g dünne Spargelstangen oder Bruchspargel
- 125 ml Wasser
- Salz
- 1 Prise Zucker
- 2 Pck. Blätterteig (je 275 g aus dem Kühlregal)
- 2 Tomaten (etwa 200 g)
- 3 Eier (Größe M)
- 100 g Crème fraîche
- gem. Pfeffer
- ger. Muskatnuss

**Zusätzlich:**

- runde Ausstechform oder Wasserglas (Ø etwa 5 cm)
- 1 Minimuffinform für 24 Minimuffins

**Pro Stück:**

E: 1 g, F: 5 g, Kh: 4 g, kcal: 62

**1.** Blattspinat nach Packungsanleitung auftauen lassen. Spargel abspülen, abtropfen lassen und von oben nach unten schälen, darauf achten, dass die Schalen vollständig entfernt, die Köpfe aber nicht verletzt werden. Die unteren Enden abschneiden (holzige Stellen vollkommen entfernen). Spargelstangen in 2–3 cm lange Stücke schneiden.

**2.** Den Backofen vorheizen.
Ober-/Unterhitze: etwa 200 °C
Heißluft: etwa 180 °C

**3.** Wasser mit ½ Teelöffel Salz und Zucker zum Kochen bringen. Spargelstücke hinzufügen, wieder zum Kochen bringen und in etwa 4 Minuten bissfest kochen. Spargel in ein Sieb geben und abtropfen lassen, dabei den Sud auffangen.

**4.** Eine Portion Blätterteig ausbreiten. Mit einer runden Ausstechform oder mit einem Wasserglas 24 Kreise ausstechen. Teigkreise in eine Minimuffinform (Mulden gefettet) legen und leicht andrücken.

**5.** Aufgetauten Blattspinat in einem Sieb gut abtropfen lassen und gut ausdrücken. Tomaten abspülen, abtrocknen, halbieren und die Stängelansätze herausschneiden. Tomaten entkernen und in kleine Würfel schneiden. Eier mit 3 Esslöffeln Spargelsud und Crème fraîche verrühren, mit Salz, Pfeffer und Muskatnuss kräftig würzen.

**6.** Die Muffins jeweils mit der Hälfte des Spinats, der Tomatenwürfel und der Spargelstückchen füllen. Die Hälfte der Crème-fraîche-Eier-Mischung darüber gießen.

**7.** Die Form auf dem Rost in den vorgeheizten Backofen schieben. Die Muffins **20–25 Minuten backen.**

**8.** Die Muffins nach dem Backen aus den Mulden lösen und auf einen Kuchenrost legen.

**9.** Aus dem restlichen Teig und der Füllung weitere 24 Muffins zubereiten. Muffins warm oder kalt servieren.

**TIPPS:**

Die Minimuffins in Papiermuffinförmchen servieren.

Die Minimuffins können eingefroren und nach dem Auftauen 3–4 Minuten bei Ober-/Unterhitze (etwa 180 °C) aufgebacken werden.

Lieblingsrezept Nr.
23

# COUSCOUS MIT GRÜNEM UND WEISSEM SPARGEL

Zubereitungszeit: 35 Minuten
Garzeit: etwa 10 Minuten
Vegetarisch

**ZUTATEN FÜR 4 PORTIONEN:**

2 hart gekochte Eier
500 g weißer Spargel
500 g grüner Spargel
2 Schalotten
200 g Cocktailtomaten
60 g junger Blattspinat
150 ml Gemüsebrühe
2 EL Butter
Salz
gem. Pfeffer

150 g Instant-Couscous (Hartweizengrieß)
1 Bio-Zitrone (unbehandelt, ungewachst)
1 Bund Minze
3 EL Olivenöl

**Pro Portion:**
E: 13 g, F: 19 g, Kh: 36 g, kcal: 370,

**1.** Die Eier pellen und halbieren oder mit einem Eierschneider achteln.

**2.** Spargel abspülen und abtropfen lassen. Den weißen Spargel von oben nach unten schälen. Darauf achten, dass die Schalen vollständig entfernt, die Köpfe aber nicht verletzt werden. Die unteren Enden abschneiden (holzige Stellen vollkommen entfernen). Weißen Spargel schräg in mundgerechte Stücke schneiden. Von dem grünen Spargel nur das untere Drittel schälen und die Enden abschneiden. Grünen Spargel ebenfalls schräg in mundgerechte Stücke schneiden.

**3.** Die Schalotten abziehen, zuerst in Scheiben schneiden, dann in Ringe teilen. Die Cocktailtomaten abspülen, trocken tupfen und evtl. die Stängelansätze herausschneiden. Den Blattspinat putzen, gründlich waschen und abtropfen lassen.

**4.** Butter in einem Topf zerlassen. Schalottenringe darin andünsten. Weiße Spargelstücke hinzugeben, Brühe hinzugießen. Mit Salz und Pfeffer würzen. Die weißen Spargelstücke etwa 5 Minuten bei mittlerer Hitze unter Rühren dünsten. Dann die grünen Spargelstücke hinzugeben, weitere etwa 5 Minuten mitdünsten lassen. Die Cocktailtomaten zu den Spargelstücken geben und kurz mit andünsten.

**5.** In der Zwischenzeit Couscous nach Packungsanleitung zubereiten. Die Zitrone heiß abwaschen, abtrocknen und die Schale fein abreiben. Zitrone halbieren und den Saft auspressen. Minze abspülen und trocken tupfen. Die Blättchen von den Stängeln zupfen, Blättchen klein schneiden. Den garen Couscous mit einer Gabel auflockern und vorsichtig unter das Gemüse heben. Mit Olivenöl, Zitronenschale, -saft, Minze, Salz und Pfeffer abschmecken.

**6.** Couscous auf einer großen Platte anrichten, mit den Eiern und Spinat garnieren.

**TIPP:**

Dazu passt scharfer Zitronenjoghurt.

Lieblingsrezept Nr.

# 24

# GEMÜSERAGOUT MIT GRÜNEM SPARGEL IN ZITRONENSAHNE

Zubereitungszeit: etwa 20 Minuten
Garzeit: 35–45 Minuten
Vegetarisch

**ZUTATEN FÜR 4 PORTIONEN**

1 Bund Frühlingszwiebeln (etwa 250 g)
250 g weiße Champignons
500 g grüner Spargel
250 g Zuckerschoten
250 g Möhren
2 l Wasser
2 gestr. TL Salz
2 EL Olivenöl
150 ml Gemüsebrühe
200 g Schlagsahne (mind. 30 % Fett)
Salz
gem. Pfeffer
1/2 Bund Zitronenmelisse oder Zitronenthymian

**Pro Portion:**

E: 8 g, F: 19 g, Kh: 15 g, kcal: 266

1. Frühlingszwiebeln putzen, abspülen, abtropfen lassen und in 4 cm lange Stücke schneiden. Champignons putzen, evtl. kurz abspülen und trocken tupfen. Größere Champignons halbieren oder vierteln.

2. Spargel abspülen und abtropfen lassen. Von dem Spargel nur das untere Drittel schälen und die unteren Enden abschneiden. Spargel in etwa 4 cm lange Stücke schneiden. Von den Zuckerschoten die Enden abschneiden, dabei evtl. die Fäden mit abziehen. Zuckerschoten abspülen, abtropfen lassen.

3. Möhren putzen, schälen, abspülen, abtropfen lassen und in Stifte schneiden. Die Möhrenstifte in kochendem Salzwasser etwa 5 Minuten blanchieren. Dafür Wasser in dem Topf zum Kochen bringen. Das Salz hinzufügen. Möhren 2–3 Minuten darin garen. Das Gemüse mit einem Schaumlöffel aus dem Topf nehmen, in das Sieb geben, in Eiswasser abschrecken und gut abtropfen lassen.

4. Olivenöl in einem großen Topf erhitzen. Vorbereitetes Gemüse darin portionsweise andünsten. Gemüsebrühe und Sahne hinzugießen, mit Salz und Pfeffer würzen. Die Zutaten zum Kochen bringen und etwa 10 Minuten bei schwacher Hitze garen.

5. Melisse und Thymian abspülen und trocken tupfen. Blättchen von den Stängeln zupfen, klein schneiden, zum Gemüseragout geben und unterrühren. Gemüseragout mit Salz und Pfeffer abschmecken.

**TIPPS:**

Anstelle der Zitronenmelisse oder des Zitronenthymians können Sie auch die Schale von 1 Bio-Zitrone (unbehandelt, ungewachst) in das Ragout geben. Beim Abreiben der Zitronenschale dann darauf achten, dass keine weiße Haut mit abgerieben wird, sonst wird das Gericht bitter.

Wer die typische rote Farbe des klassischen Ragouts vermisst, rührt zusätzlich 1 Esslöffel Tomaten- oder Paprikamark unter.

Lieblingsrezept Nr.
25

# GRÜNER SPARGEL MIT GEBRATENER ENTENBRUST

Zubereitungszeit: 40 Minuten
Garzeit: 20–27 Minuten
Mit Alkohol

**ZUTATEN FÜR 4–6 PORTIONEN**

1 kg grüner Spargel
Wasser
Salz
1 Prise Zucker
1 EL Butter
4 Entenbrustfilets
(je etwa 200 g)
gem. Pfeffer
1 EL Olivenöl
4 Grapefruits

**Für die Marinade:**

3 EL Weißweinessig
4 EL Sherry
125 ml Olivenöl
75 g frischer Kerbel

**Zusätzlich:**

Küchengarn

**Pro Portion:**

E: 34 g, F: 53 g, Kh: 22 g, kcal: 733

**1.** Spargel abspülen und abtropfen lassen. Von dem Spargel nur das untere Drittel schälen und die Enden abschneiden. Die Stangen nach Möglichkeit gleich lang schneiden. Anschließend portionsweise mit Küchengarn bündeln.

**2.** Wasser mit Salz, Zucker und Butter in einem hohen Topf zum Kochen bringen. Den gebündelten Spargel hineingeben und zum Kochen bringen. Die Spargelstangen zugedeckt 12–15 Minuten garen.

**3.** In der Zwischenzeit Entenbrustfilets unter fließendem kalten Wasser abspülen, trocken tupfen, mit Salz und Pfeffer würzen.

**4.** Das Olivenöl in einer großen Pfanne erhitzen. Die Entenbrustfilets mit der Hautseite nach unten in die Pfanne legen und in 4–6 Minuten kross anbraten. Die Entenbrustfilets wenden und von der anderen Seite weitere 4–6 Minuten braten.

**5.** Die Entenbrustfilets aus der Pfanne nehmen, in Alufolie wickeln, dabei die Haut frei lassen und mindestens 5 Minuten ruhen lassen.

**6.** Den garen Spargel mit einem Schaumlöffel vorsichtig aus dem Topf nehmen und auf eine vorgewärmte Platte legen. Küchengarn entfernen.

**7.** Die Grapefruits so schälen, dass die weiße Haut mitentfernt wird. Grapefruits quer in Scheiben schneiden.

**8.** Für die Marinade Essig und Sherry in einer kleinen Schüssel verrühren. Öl langsam in einem dünnen Strahl unterschlagen. Die Marinade mit Salz und Pfeffer würzen.

**9.** Kerbel abspülen und trocken tupfen. Die Blättchen von den Stängeln zupfen. Einige Blättchen zum Garnieren beiseitelegen. Restliche Blättchen fein hacken und unter die Marinade rühren.

**10.** Entenbrustfilets aus der Alufolie wickeln und in Scheiben schneiden.

**11.** Die Grapefruitscheiben mit den warmen Spargelstangen und Entenbrustfiletscheiben schichtweise auf kleine Teller geben und mit der Marinade beträufeln. Mit den beiseitegelegten Kerbelblättchen garnieren.

Lieblingsrezept Nr.

# 26

# KNOBLAUCH-SPÄTZLE MIT GRÜNEM SPARGEL

Zubereitungszeit: 30 Minuten
Garzeit: etwa 6 Minuten
Vegetarisch
Mit Alkohol

**ZUTATEN FÜR 4 PORTIONEN**

- 600 g grüner Spargel
- 1 Bund Frühlingszwiebeln
- 3 Fleischtomaten (je etwa 150 g)
- 2–3 Knoblauchzehen
- 3–4 EL Olivenöl
- 600 g frische Spätzle (aus dem Kühlregal)
- 70 ml Gemüsebrühe
- 70 ml Weißwein
- 30 g ger. Parmesan
- Salz
- gem. Pfeffer
- 50 g gehobelter Parmesan

**Pro Portion:**

E: 21 g, F: 21 g, Kh: 47 g, kcal: 478

**1.** Den Spargel abspülen, abtropfen lassen, das untere Drittel schälen und die trockenen Enden abschneiden. Frühlingszwiebeln putzen, abspülen und abtropfen lassen. Spargel und Frühlingszwiebeln in etwa 3 cm lange Stücke schneiden.

**2.** Die Tomaten abspülen, abtrocknen, halbieren und die Stängelansätze herausschneiden. Tomaten grob würfeln. Knoblauch abziehen und fein würfeln.

**3.** Olivenöl in einer großen Pfanne erhitzen. Spätzle hineingeben und darin schwenken. Spargel- und Frühlingszwiebelstücke sowie die Knoblauchwürfel dazugeben und bei mittlerer Hitze 3 Minuten braten. Dabei immer wieder wenden. Brühe und Weißwein nach und nach hinzugießen. Das Ganze etwa 5 Minuten köcheln lassen.

**4.** Den geriebenen Käse unterrühren und unter Rühren schmelzen lassen. Tomatenwürfel vorsichtig unterrühren. Mit Salz und Pfeffer würzen.

**5.** Die Knoblauchspätzle mit dem gehobelten Parmesan bestreuen und anrichten.

**TIPPS:**

Die Knoblauch-Spätzle reichen als Beilage für 6 Portionen, dann gebratenen Fisch, z. B. Kabeljau, oder gebratenes Hähnchenbrustfilet dazu reichen.

Wer keinen grünen Spargel bekommt, kann auch weißen Spargel verwenden. Beim weißen Spargel müssen die Stangen ganz geschält werden.

Lieblingsrezept Nr.
27

# SPARGEL-BOWL MIT POCHIERTEN EIERN

Zubereitungszeit: 30 Minuten
Garzeit: 5–8 Minuten
Vegetarisch

**ZUTATEN FÜR 4 PORTIONEN**

**Für die Bowl:**

1 $1/2$ kg weißer Spargel
200 ml Wasser
250 g rote Linsen
2 Frühlingszwiebeln (etwa 50 g)
Salz
gem. Pfeffer
1 große Salatgurke (etwa 600 g)
20 g Ingwer
2–3 EL Zitronensaft
2–3 EL Sojasauce
3 TL Sesamöl (geröstet)
2 Mini-Romana Salate

**Für die pochierten Eier:**

1 l Wasser
1 EL Weißweinessig
8 Eier (Größe M)

1 EL gerösteter schwarzer Sesam
4 EL Barbecuesauce mit Honig
3 EL Rapsöl

**Pro Portion:**

E: 37 g, F: 24 g, Kh: 43 g, kcal: 578

**1.** Für die Bowl den Spargel abspülen, abtropfen lassen und von oben nach unten schälen, dabei darauf achten, dass die Schale vollständig entfernt, die Köpfe aber nicht verletzt werden. Die unteren Enden abschneiden (holzige Stellen vollkommen entfernen).

**2.** Spargelschalen und 200 ml Wasser in einen Topf geben und kurz aufkochen. Die Spargelschalen etwa 15 Minuten bei schwacher Hitze im geschlossenen Topf ziehen lassen. Die Schalen abgießen, dabei den Sud auffangen. Die Spargelstangen in etwa 5 cm lange Stücke schneiden, in den aufgefangenen Sud geben, aufkochen und zugedeckt etwa 8 Minuten bei schwacher Hitze garen.

**3.** Inzwischen die Linsen abspülen, abtropfen lassen, mit 500 ml Wasser bedecken und aufkochen. Anschließend bei schwacher Hitze etwa 5 Minuten garen, dann in einem Sieb abtropfen lassen. Die Spargelstücke abtropfen lassen, 100 ml Kochsud auffangen.

**4.** Die Frühlingszwiebeln putzen, abspülen, abtropfen lassen und in 1 cm breite Stücke schneiden. Spargelsud und Frühlingszwiebeln unter die Linsen rühren und mit Salz und Pfeffer würzen. Abkühlen lassen.

**5.** Die Salatgurke abspülen und abtropfen lassen. Von der Schale nur einige Streifen abschälen. Die Gurke längs durchschneiden und mit einem Löffel entkernen. Die Hälften quer in dünne Scheiben schneiden. Ingwer schälen, fein reiben, in eine Schüssel geben und mit Zitronensaft, Sojasauce und Sesamöl verrühren. Die Gurkenscheiben unterheben und 10 Minuten darin marinieren. Den Salat putzen, abspülen, trocken tupfen oder schleudern und in mundgerechte Stücke teilen.

**6.** Für die pochierten Eier 1 l Wasser mit Essig in einem Topf zum Kochen bringen. Eier einzeln in einer Kelle aufschlagen, vorsichtig in das siedende (nicht sprudelnd kochende) Wasser gleiten lassen. Eiweiß mit 2 Esslöffeln an das Eigelb schieben. Die Eier bei schwacher Hitze 3-4 Minuten im offenen Topf gar ziehen lassen (maximal 4 Eier auf einmal garen).

**7.** Die Linsen mit Salz und Pfeffer, die Gurkenscheiben mit Sojasauce und Zitronensaft abschmecken. Die Linsen mittig in 4 Schüsseln/Bowls geben. Gurkenscheiben, Salat und Spargel um die Linsen herum verteilen. Jeweils ein pochiertes Ei auf die Linsen legen und mit Salz, Pfeffer und Sesam bestreuen.

**8.** Barbecuesauce mit Öl verrühren und über Spargel und Salatblätter träufeln. Die Bowles servieren. Restliche pochierte Eier separat dazu reichen.

Lieblingsrezept Nr.

# 28

# SPARGELEINTOPF

Zubereitungszeit: 60 Minuten
Garzeit: etwa 36 Minuten
Vegetarisch

**ZUTATEN FÜR 4–6 PORTIONEN**

- 800 g weißer Spargel
- 300 g grüner Spargel
- 1 1/2 l Wasser
- 1 TL Salz
- 1 TL Zucker
- gem. Pfeffer
- 2 Zwiebeln
- 2 Knoblauchzehen
- 30 g frischer Ingwer
- 500 g neue Kartoffeln
- 250 g Möhren
- 1 kleiner Kohlrabi
- 50 g Butter
- Spargelfond
- 100 g Zuckerschoten
- 1 Bund Petersilie

**Pro Portion:**
E: 7 g, F: 9 g, Kh: 23 g, kcal: 202

**1.** Spargel abspülen und abtropfen lassen. Den weißen Spargel von oben nach unten schälen. Darauf achten, dass die Schalen vollständig entfernt, die Köpfe aber nicht verletzt werden. Die unteren Enden abschneiden (holzige Stellen vollkommen entfernen). Von dem grünen Spargel nur das untere Drittel schälen, die Enden abschneiden.

**2.** Spargelschalen und -enden mit Wasser, Salz, Zucker und Pfeffer in einem Topf zum Kochen bringen. Zugedeckt etwa 15 Minuten bei schwacher Hitze leicht kochen lassen. Anschließend in ein Sieb geben, dabei den Spargelfond auffangen.

**3.** Zwiebeln und Knoblauch abziehen, in kleine Würfel schneiden. Ingwer schälen und ebenfalls in kleine Würfel schneiden. Kartoffeln waschen, schälen, abspülen, abtropfen lassen und in kleine Würfel schneiden. Möhren putzen, schälen, abspülen, abtropfen lassen und in Scheiben schneiden. Kohlrabi schälen, abspülen und abtropfen lassen. Kohlrabi zuerst in Scheiben, dann in Würfel schneiden.

**4.** Butter in einem großen Topf zerlassen. Zwiebel-, Knoblauch- und Ingwerwürfel darin unter Rühren andünsten. Spargelfond hinzugießen und zum Kochen bringen. Kartoffelwürfel in den Spargelfond geben, zum Kochen bringen und zugedeckt etwa 5 Minuten bei schwacher Hitze leicht kochen lassen. Die weißen Spargelstangen in 2–3 cm lange Stücke schneiden. Möhrenscheiben, Kohlrabiwürfel und Spargelstücke zum Spargelfond in den Topf geben, wieder zum Kochen bringen und zugedeckt etwa 10 Minuten kochen lassen.

**5.** Die grünen Spargelstangen ebenfalls in 2–3 cm lange Stücke schneiden und in den Eintopf geben. Den Eintopf zugedeckt weitere etwa 5 Minuten kochen lassen.

**6.** Von den Zuckerschoten die Enden abschneiden, die Schoten evtl. abfädeln. Zuckerschoten waschen, abtropfen lassen und halbieren. Anschließend in den Eintopf geben und etwa 1 Minute mitkochen lassen. Den Eintopf mit Salz und Pfeffer abschmecken.

**7.** Petersilie abspülen und trocken tupfen. Die Blättchen von den Stängeln zupfen. Blättchen fein hacken. Den Eintopf mit Petersilie bestreuen und servieren.

**TIPP:**

Zum Verfeinern 150 g Schlagsahne unter den Eintopf rühren.

Lieblingsrezept Nr.
29

# SPARGELRAGOUT MIT KLÖSSCHEN UND BLÄTTERTEIG-STANGEN

Zubereitungszeit: 50 Minuten
Garzeit: etwa 23 Minuten
Backzeit: etwa 10 Minuten

**ZUTATEN FÜR 4 PORTIONEN**

- 2 Scheiben (120 g) TK-Blätterteig
- 750 g weißer Spargel
- 750 g grüner Spargel
- 1 l Wasser
- Salz
- 250 g Kalbsbrät
- 200 ml Kalbs- oder Rinderfond
- 100 g Schlagsahne (mind. 30 % Fett)
- 1 EL Weizenmehl
- gem. Pfeffer
- 1 Ei (Größe M)
- 2 EL Mohnsamen oder Sesamsamen oder Sonnenblumenkerne
- evtl. 1 EL Schnittlauchröllchen
- evtl. 1 EL Tomatenwürfel

**Pro Portion:**
E: 19 g, F: 37 g, Kh: 21 g, kcal: 497

**1.** Blätterteigscheiben nach Packungsanleitung auftauen lassen.

**2.** Spargel abspülen und abtropfen lassen. Den weißen Spargel von oben nach unten schälen. Darauf achten, dass die Schalen vollständig entfernt, die Köpfe aber nicht verletzt werden. Die unteren Enden abschneiden (holzige Stellen vollkommen entfernen). Von dem grünen Spargel nur das untere Drittel schälen und die Enden abschneiden.

**3.** Salzwasser in einem hohen Topf zum Kochen bringen. Den weißen Spargel etwa 15 Minuten, den grünen Spargel etwa 10 Minuten darin gar kochen. Spargel in einem Sieb abtropfen lassen.

**4.** Aus dem Kalbsbrät mit angefeuchteten Händen kleine Klößchen formen. Kalbs- oder Rinderfond in einem Topf erhitzen. Die Klößchen hinzugeben und etwa 8 Minuten gar ziehen lassen. Klößchen mit einem Schaumlöffel herausnehmen.

**5.** Den Backofen vorheizen.
Ober-/Unterhitze: etwa 200 °C
Heißluft: etwa 180 °C

**6.** Etwas von der Sahne mit Mehl anrühren. Restliche Sahne zu dem Fond in den Topf geben und zum Kochen bringen. Angerührtes Mehl unterrühren. Die Sauce unter Rühren aufkochen lassen. Mit Salz und Pfeffer würzen. Den weißen und grünen Spargel in Stücke schneiden, mit den Fleischklößchen in die Sauce geben. Ragout warm stellen.

**7.** Blätterteigscheiben in Streifen schneiden. Das Ei verschlagen. Die Blätterteigstreifen damit bestreichen und auf ein Backblech (mit Backpapier belegt) legen. Blätterteigstreifen nach Belieben mit Mohn, Sesam oder Sonnenblumenkernen bestreuen. Das Backblech in den vorgeheizten Backofen schieben. Die Blätterteigstangen **etwa 10 Minuten backen.**

**8.** Spargelragout auf Tellern anrichten. Nach Belieben mit Schnittlauchröllchen und Tomatenwürfeln bestreuen. Mit den Blätterteigstangen garnieren.

Lieblingsrezept Nr.

# 30

# SPARGELRISOTTO

Zubereitungszeit: 60 Minuten
Garzeit: etwa 30 Minuten
Vegetarisch

**ZUTATEN FÜR 4 PORTIONEN**

- 1,2 kg weißer Spargel
- 1 l Wasser
- Salz
- 2 Schalotten
- 40 g Butter
- 250 g Risotto-Reis
- 400 ml Gemüsebrühe
- 150 g Crème fraîche
- gem. Pfeffer
- ger. Muskatnuss
- 1 Bund Rucola (Rauke, etwa 40 g)
- 80 g geraspelter Greyerzer-Käse

**Pro Portion:**

E: 17 g, F: 27 g, Kh: 57 g, kcal: 559

**1.** Den Spargel abspülen, abtropfen lassen und von oben nach unten schälen. Darauf achten, dass die Schalen vollständig entfernt, die Köpfe aber nicht verletzt werden. Die unteren Enden abschneiden (holzige Stellen vollkommen entfernen). Spargelstangen in etwa 2 cm lange Stücke schneiden.

**2.** Spargelschalen und -enden mit Wasser in einem Topf zum Kochen bringen und zugedeckt etwa 15 Minuten leicht kochen lassen. Anschließend in ein Sieb geben, den Spargelfond dabei auffangen und 500 ml davon abmessen.

**3.** Schalotten schälen und in kleine Würfel schneiden. Butter in einem großen Topf zerlassen. Reis und Schalotten unter Rühren darin andünsten. Etwa 300 ml von dem Spargelfond hinzugießen, zum Kochen bringen und den Reis bei mittlerer Hitze unter gelegentlichem Rühren etwa 30 Minuten garen. Nach und nach restlichen Fond und Brühe hinzugießen. Nach etwa 15 Minuten Garzeit die Spargelstücke hinzugeben.

**4.** Crème fraîche unter das fertig gegarte Risotto rühren, mit Salz, Pfeffer und Muskat würzen.

**5.** Rucola verlesen und dicke Stängel abschneiden. Rucola abspülen, gut abtropfen lassen oder trocken schleudern und fein schneiden. Rucola und Käse unter das Risotto rühren, sofort servieren.

Lieblingsrezept Nr.
31

# FLAMMKUCHEN MIT GRÜNEM SPARGEL

Zubereitungszeit: 40 Minuten, ohne Ruhezeit
Garzeit: etwa 15 Minuten pro Flammkuchen

**ZUTATEN FÜR 4 PORTIONEN**

**Für den Teig:**

400 g Dinkelmehl (Type 630)
1 1/2 TL Salz
230 ml Wasser
4 EL Rapsöl

**Für den Belag:**

800 g grüner Spargel
250 g Cherrytomaten
4 Stängel Basilikum
400 g Crème fraîche
Salz
150 g Pastrami oder Rindersaftschinken in dünnen Scheiben
gem. Pfeffer

**Pro Portion:**

E: 26 g, F: 42 g, Kh: 81 g, kcal: 831

**1.** Für den Teig Mehl und Salz in einer Schüssel mischen. Wasser und Öl hinzugeben. Die Zutaten zu einem glatten Teig verkneten, auf der bemehlten Arbeitsfläche zu einer Kugel formen und unter einer umgedrehten Schüssel bei Zimmertemperatur ruhen lassen, etwa 30 Minuten.

**2.** Für den Belag den Spargel abspülen, abtropfen lassen, das untere Drittel schälen und die unteren Enden abschneiden. Die Stangen der Länge nach durchschneiden. Die Cherrytomaten abspülen, abtropfen lassen und in Scheiben schneiden. Basilikum abspülen, trocken tupfen, die Blättchen von den Stängeln zupfen und je nach Größe in Streifen schneiden oder ganz lassen.

**3.** Den Backofen vorheizen.
Ober-/Unterhitze: etwa 250 °C
Heißluft: etwa 230 °C

**4.** Den Teig auf der bemehlten Arbeitsfläche in 4 gleichgroße Portionen teilen. 1 Portion zu einem Rechteck (etwas kleiner als das Backblech) ausrollen und auf ein mit Backpapier belegtes Backblech ziehen. Den restlichen Teig wieder zudecken.

**5.** Die Zutaten für den Belag in jeweils 4 Portionen teilen. Den ausgerollten Teig zuerst mit 1 Portion Crème fraîche bestreichen. Dann mit je 1 Portion Spargel und Tomaten belegen und mit etwas Salz bestreuen. Das Backblech in den vorgeheizten Backofen schieben. Den Flammkuchen **etwa 15 Minuten braun backen.** (Bei Heißluft können auch 2 Bleche auf einmal in den Ofen geschoben werden.)

**6.** Inzwischen eine weitere Teigportionen ebenso ausrollen und auf einen Bogen Backpapier ziehen. Wenn der erste Flammkuchen fertig ist, den ausgerollten Teig auf das heiße Blech ziehen und wie beschrieben belegen und backen.

**7.** Die Flammkuchen nach dem Backen mit je einer Portion Pastrami oder Schinken und Basilikum belegen und mit etwas Pfeffer bestreuen. Die Flammkuchen heiß servieren.

**TIPP:**

Anstelle von Pastrami können Sie auch luftgetrockneten Schinken wie Serrano- oder Parmaschinken verwenden.

Lieblingsrezept Nr.

# 32

# FRÜHLINGSGRATIN

Zubereitungszeit:
etwa 30 Minuten
Garzeit: 20–30 Minuten
Vegetarisch

**ZUTATEN FÜR 4 PORTIONEN**

1 1/4 kg gemischtes Gemüse, z. B. grüner und weißer Spargel, Kohlrabi, Möhren, Brokkoli, Blumenkohl
1 l Wasser
1 TL Salz
1 Knoblauchzehe
200 g Schlagsahne (mind. 30 % Fett)
2 Eier (Größe M)
gem. Pfeffer
ger. Muskatnuss
100 g ger. Emmentaler
50 g ger. Parmesan

**Zusätzlich:**
etwas Fett zum Einfetten der Form

**Pro Portion:**
E: 20 g, F: 31 g, Kh: 10 g, kcal: 403

1. Den Backofen vorheizen.
Ober-/Unterhitze: etwa 180 °C
Heißluft: etwa 160 °C

2. Spargel abspülen und abtropfen lassen. Den Spargel schälen und die unteren Enden abschneiden (grünen Spargel nur im unteren Drittel schälen). Spargel in 2–3 cm lange Stücke schneiden.

3. Kohlrabi und Möhren putzen, schälen, abspülen und abtropfen lassen. Kohlrabi in Scheiben und Möhren in Stücke schneiden. Brokkoli und Blumenkohl putzen und in kleine Röschen teilen. Brokkolistängel schälen.

4. Das Wasser in dem Topf zum Kochen bringen. Das Salz hinzufügen. Das Gemüse portionsweise jeweils 2–3 Minuten darin vorgaren. Das Gemüse mit einem Schaumlöffel aus dem Topf nehmen und in einem Küchensieb oder Durchschlag abtropfen lassen. Das Gemüse in eine Auflaufform (gefettet) einschichten.

5. Knoblauch abziehen und durch eine Knoblauchpresse drücken oder fein hacken. Sahne und Eier mit einem Schneebesen verschlagen, mit Knoblauch, Salz, Pfeffer und Muskat abschmecken.

6. Die Eiersahne auf das Gemüse gießen. Beide Käsesorten daraufstreuen. Die Auflaufform auf dem Rost auf mittlerer Einschubleiste in den vorgeheizten Backofen schieben. Gratin **20–30 Minuten garen.**

**TIPPS:**

Je nach Jahreszeit kann man auch andere Gemüsesorten wie Bohnen, Fenchel, Knollensellerie, Lauch, Rosenkohl, Staudensellerie, Steckrüben oder Zuckerschoten verwenden.

Zum Garnieren kleine Kohlrabiblätter beiseitelegen. Diese abspülen, trocken tupfen und fein hacken. Das Gratin damit bestreuen und servieren.

Als Beilage reicht das Gratin auch für 6 Portionen. Dann z. B. neue kleine Kartoffeln in Butter geschwenkt oder kurzgebratenes Fleisch dazuservieren.

Lieblingsrezept Nr.
33

# GRATINIERTE CRÊPES MIT SPARGEL

Zubereitungszeit: 50 Minuten
Garzeit: 15–18 Minuten
Vegetarisch

**ZUTATEN FÜR 4 PORTIONEN**

**Für die Crêpes:**

30 g Butter
150 g Weizenmehl
250 ml Milch (3,5 % Fett)
2 Eier (Größe M)
1 Eigelb (Größe M)
1/2 TL Salz
50 ml Mineralwasser mit Kohlensäure

**Für die Füllung und die Sauce:**

750 g grüner Spargel
75 ml Milch (3,5 % Fett)
100 g Doppelrahmfrischkäse
30 g Walnusskerne
gem. Pfeffer
250 g Tomaten
125 g Mozzarella

**Zusätzlich:**

etwas Butter (zimmerwarm) für die Pfanne

**Pro Portion:**

E: 24 g, F: 38 g, Kh: 38 g, kcal: 597

**1.** Für die Crêpes Butter zerlassen. Mehl in eine Rührschüssel sieben und mit Milch, Eiern, Eigelb, Salz und Butter gut verquirlen. Teig zugedeckt etwa 15 Minuten quellen lassen.

**2.** Inzwischen für die Füllung Spargel abspülen, abtropfen lassen, das untere Drittel der Stangen schälen und die trockenen Enden abschneiden. Spargel in etwa 250 ml Salzwasser zugedeckt etwa 6 Minuten garen. Spargel mit einer Schaumkelle herausnehmen und abtropfen lassen. Kochflüssigkeit dabei auffangen.

**3.** Für die Sauce die Kochflüssigkeit mit Milch auffüllen und aufkochen lassen. Frischkäse unter Rühren in der Sauce schmelzen lassen. Walnusskerne fein hacken. Sauce mit Pfeffer abschmecken und die gehackten Walnusskerne dazugeben.

**4.** Tomaten abspülen, abtrocknen, halbieren, die Stängelansätze herausschneiden und Tomaten würfeln. Mozzarella abtropfen lassen und in dünne Scheiben schneiden.

**5.** Den Backofen vorheizen.
Ober-/Unterhitze: etwa 200 °C
Heißluft: etwa 180 °C

**6.** Eine beschichtete Pfanne (Ø etwa 24 cm) leicht mit Butter auspinseln und erhitzen. Mineralwasser unter den gequollenen Teig rühren. Aus dem Teig nach und nach 8 dünne Crêpes backen. Spargelstangen auf den Crêpes verteilen. Tomaten mit Pfeffer und Salz würzen und darauf verteilen.

**7.** Crêpes fest aufrollen und in eine flache Auflaufform (mind. 1 ½ l Inhalt) geben. Die Käsesauce darüber verteilen und mit Mozzarellascheiben belegen.

**8.** Die Form auf dem Rost in den vorgeheizten Backofen schieben. Die Crêpes **15–18 Minuten überbacken.**

**TIPPS:**

Nach Wunsch mit Basilikumblättchen anrichten.

Statt grünem Spargel können Sie auch weißen Spargel als Füllung für die Crêpes verwenden. Hierfür den weißen Spargel abspülen, die Stangen ganz schälen und die trockenen Enden entfernen. Die Stangen etwa 8 Minuten in dem Salzwasser garen.

Lieblingsrezept Nr.

# 34

# GRATINIERTER LACHS AUF BUNTEM SPARGEL

Zubereitungszeit: 60 Minuten
Garzeit 23–30 Minuten

**ZUTATEN FÜR 4 PORTIONEN**

500 g weißer Spargel
500 g grüner Spargel
1 Bund Möhren (etwa 500 g)
375 ml Wasser
Salz

100 Butter (zimmerwarm)
50 Semmelbrösel
30 g gemischte, gehackte Frühlingskräuter (z. B. Kerbel, Petersilie, Dill, Schnittlauch)
4 Scheiben Lachs, (je etwa 180 g)
gem. Pfeffer

30 g Butter
½ TL Zucker

**Pro Portion:**
E: 43 g, F: 53 g, Kh: 20 g, kcal: 733

1. Den Backofen vorheizen. Ober-/Unterhitze: etwa 230°C Heißluft: etwa 210 °C

2. Den Spargel abspülen und abtropfen lassen. Den weißen Spargel von oben nach unten schälen. Darauf achten, dass die Schalen vollständig entfernt, die Köpfe aber nicht verletzt werden. Die unteren Enden abschneiden (holzige Stellen vollkommen entfernen).

3. Vom grünen Spargel das untere Drittel schälen und die unteren Enden abschneiden. Möhren waschen, abtropfen lassen, putzen und evtl. schälen.

4. Wasser mit 1 gestrichenen Teelöffel Salz in einem Topf zum Kochen bringen. Nacheinander den weißen Spargel zugedeckt in 6–8 Minuten, den grünen Spargel in 3–4 Minuten und die Möhren zugedeckt in 5 Minuten darin bissfest kochen.

5. Das Gemüse jeweils mit einem Schaumlöffel herausnehmen, mit kaltem Wasser abschrecken und abtropfen lassen.

6. Butter mit Semmelbröseln und Kräutern verkneten. Die Lachsscheiben mit Küchenpapier abtupfen, mit Salz und Pfeffer würzen und auf ein Backblech (mit Backpapier belegt) legen. Die Buttermasse in 4 Portionen teilen, flachdrücken und gleichmäßig auf die Lachsscheiben verteilen.

7. Das Backblech in den vorgeheizten Backofen schieben. Den Lachs **6–8 Minuten gratinieren, bis die Kruste goldgelb ist.**

8. In der Zwischenzeit Butter in einer großen Pfanne zerlassen, Zucker unterrühren. Spargel und Möhren hinzufügen und unter gelegentlichem Wenden etwa 3 Minuten garen. Gemüse mit Salz abschmecken und auf 4 vorgewärmten Tellern verteilen. Den gratinierten Lachs darauf anrichten.

**TIPPS:**

Dazu neue kleine Kartoffeln und Sauce hollandaise servieren.

Für die Kräutermasse können Sie zusätzlich 4 Stängel vom Möhrengrün verwenden. Das Möhrengrün abspülen, trocken tupfen, die jungen Blätter abzupfen und fein hacken.

Lieblingsrezept Nr.

# 35

# KALBSRÜCKEN MIT KRÄUTERKRUSTE AUF SPARGELBETT

Zubereitungszeit: 35 Minuten
Garzeit: 1 ½–2 Stunden

**ZUTATEN FÜR 4 PORTIONEN**

600 g magerer Kalbsrücken (ohne Knochen)
Salz
gem. Pfeffer
1 EL Butterschmalz
1 kg weißer Spargel

**Für die Kräuterkruste:**

1 ½ Bund glatte Petersilie
6 Stängel Thymian
1 Bund Kerbel
1 Bund Schnittlauch
125 g Butter (zimmerwarm)
2 Eigelb (Größe M)
100 g Semmelbrösel
ger. Muskatnuss
30 g Butter
Zucker

**Pro Portion:**

E: 38 g, F: 42 g, Kh: 24 g, kcal: 632

**1.** Kalbsrücken mit Küchenpapier abtupfen. Mit Salz und Pfeffer würzen.

**2.** Den Backofen vorheizen.
Ober-/Unterhitze: etwa 80 °C
Heißluft: nicht geeignet

**3.** Butterschmalz in einer Pfanne erhitzen. Kalbsrücken darin von allen Seiten scharf anbraten, herausnehmen und in einen Bräter legen. Den Bräter auf dem Rost in den vorgeheizten Backofen schieben. Den Kalbsrücken **1 ½–2 Stunden garen.**

**4.** Spargel abspülen und abtropfen lassen. Den Spargel von oben nach unten schälen. Darauf achten, dass die Schalen vollständig entfernt, die Köpfe aber nicht verletzt werden. Die unteren Enden abschneiden, holzige Stellen vollständig entfernen. Spargel schräg in Stücke schneiden.

**5.** Für die Kräuterkruste die Kräuter abspülen und trocken tupfen. 4 Stängel Kerbel beiseitelegen. Restliche Kräuterblättchen von den Stängeln zupfen und die Blättchen klein schneiden. Schnittlauch in feine Röllchen schneiden.

**6.** Butter in einer Rührschüssel mit dem Mixer (Rührstäbe) auf höchster Stufe schaumig schlagen. Eigelb nach und nach unterrühren. Kräuter und Semmelbrösel hinzufügen und unterarbeiten. Mit Salz, Pfeffer und Muskat würzen.

**7.** Für den Spargel die Butter in einer Pfanne zerlassen. Spargelstücke in die Pfanne geben, mit etwas Salz und Zucker bestreuen und 5–8 Minuten bei schwacher Hitze unter mehrmaligem Wenden braten.

**8.** Den Backofengrill vorheizen. Den Bräter aus dem Backofen nehmen. Die Kräutermasse auf den gegarten Kalbsrücken streichen. Den Bräter wieder auf dem Rost in den heißen Backofen schieben. Den Kalbsrücken so lange grillen, bis die Kruste goldbraun ist.

**9.** Den Kalbsrücken aus dem Bräter nehmen und etwa 5 Minuten ruhen lassen. Spargel in den Bräter geben und in dem Bratenfond schwenken, mit Salz und Pfeffer würzen. Von den beiseitegelegten Kerbelstängeln die Blättchen abzupfen.

**10.** Den Kalbsrücken in Scheiben schneiden und auf den Spargel legen. Spargel mit Kerbelblättchen bestreuen.

Lieblingsrezept Nr.
36

# SPARGEL-KARTOFFEL-AUFLAUF

Zubereitungszeit: 65 Minuten
Garzeit: etwa 30 Minuten

**ZUTATEN FÜR 4 PORTIONEN**

- 1 kg grüner Spargel
- Wasser
- Salz
- 800 g festkochende Kartoffeln
- 300 g gekochter Schinken
- 1 Knoblauchzehe
- 150 g Crème fraîche
- 125 g Schlagsahne (mind. 30 % Fett)
- 2 Eier (Größe M)
- gem., weißer Pfeffer
- 100 g ger. Emmentaler

**Pro Portion:**
E: 37 g, F: 39 g, Kh: 34 g, kcal: 646

1. Spargel abspülen und abtropfen lassen. Von dem Spargel nur das untere Drittel schälen und die Enden abschneiden. Spargel in 3–4 cm lange Stücke schneiden. Wasser mit Salz in einem Topf zum Kochen bringen. Spargelstücke darin 4–6 Minuten garen. Spargelstücke in einem Sieb abtropfen und erkalten lassen.

2. Kartoffeln gründlich abspülen, mit Wasser bedeckt zum Kochen bringen und zugedeckt 15-20 Minuten kochen lassen. Kartoffeln abgießen, abdämpfen, heiß pellen und in dünne Scheiben schneiden.

3. Den Backofen vorheizen.
Ober-/Unterhitze: 180 °C
Heißluft: 160 °C

4. Den Schinken in kleine Würfel schneiden. Spargelstücke mit Kartoffelscheiben und Schinkenwürfeln mischen, in einer Auflaufform (gefettet) verteilen.

5. Knoblauch abziehen und durch eine Knoblauchpresse drücken. Crème fraîche mit Sahne, Eiern und Knoblauch verrühren. Mit Salz und Pfeffer würzen. Die Crème-fraîche-Eier-Masse auf dem Auflauf verteilen und mit Käse bestreuen.

6. Die Form auf dem Rost in den vorgeheizten Backofen schieben. Den Auflauf **etwa 30 Minuten garen.**

**TIPPS:**

Vegetarierer lassen einfach den Schinken weg.

Einen gemischten grünen Salat dazureichen.

Dieses Rezept kann gut verdoppelt und in einer Fettpfanne (gefettet) zubereitet werden. Dann erhöht sich die Garzeit um etwa 10 Minuten.

Der Auflauf schmeckt auch lauwarm sehr gut.

Lieblingsrezept Nr.

37

# SPARGELPIZZA

Zubereitungszeit: 40 Minuten, ohne Teiggehzeit
Backzeit: etwa 25 Minuten
Vegetarisch

## ZUTATEN FÜR 6 PORTIONEN

**Für den Hefeteig:**

300 g Weizenmehl (Type 550)
½ Pck. Trockenbackhefe (3 ½ g)
170 ml lauwarmes Wasser
2 EL Olivenöl
1 gestr. TL Salz
etwas Weizenmehl

**Für den Belag:**

500 g weißer Spargel
200 g Cocktailtomaten
200 g stückige Tomaten (aus der Dose)
1 EL Tomatenmark
Salz
gem. Pfeffer

**Zum Bestreuen:**

100 g ger. Pizza-Käse
30 g Pinienkerne
1 Bund Rucola (Rauke, etwa 40 g)

**Pro Portion:**

E: 11 g, F: 10 g, Kh: 40 g, kcal: 307

**1.** Für den Hefeteig Mehl in eine Rührschüssel geben und mit der Trockenbackhefe sorgfältig vermischen. Wasser, Olivenöl und Salz hinzufügen. Die Zutaten mit Handrührgerät mit Knethaken zunächst kurz auf niedrigster, dann auf höchster Stufe in etwa 5 Minuten zu einem glatten Teig verarbeiten. Den Teig leicht mit Mehl bestäuben und zugedeckt so lange an einem warmen Ort gehen lassen, bis er sich sichtbar vergrößert hat, etwa 40 Minuten.

**2.** Für den Belag den Spargel waschen, abtropfen lassen und von oben nach unten schälen. Darauf achten, dass die Schalen vollständig entfernt, die Köpfe aber nicht verletzt werden. Die unteren Enden abschneiden (holzige Stellen vollkommen entfernen). Spargelstangen der Länge nach halbieren. Tomaten abspülen, abtrocknen, und halbieren. Stückige Tomaten mit Tomatenmark verrühren und mit Salz und Pfeffer würzen.

**3.** Den gegangenen Teig leicht mit Mehl bestäuben, aus der Schüssel nehmen und auf einer bemehlten Arbeitsfläche nochmals kurz durchkneten. Den Teig auf einem Backblech (30 x 40 cm, gefettet) ausrollen und nochmals zugedeckt so lange an einem warmen Ort gehen lassen, bis er sich sichtbar vergrößert hat, etwa 20 Minuten.

**4.** In der Zwischenzeit den Backofen vorheizen.
Ober-/Unterhitze: etwa 220 °C
Heißluft: etwa 200 °C

**5.** Den Teig mit der Tomatenmasse bestreichen. Die Spargelstangen und Tomatenhälften darauf verteilen. Mit Käseraspeln und Pinienkernen bestreuen.

**6.** Das Backblech in den vorgeheizten Backofen schieben. Die Pizza **etwa 25 Minuten backen.**

**7.** Rucola verlesen und die dicken Stängel abschneiden. Rucola abspülen, gut abtropfen lassen oder trocken schleudern. Die Pizza mit Rucola bestreuen und sofort servieren.

Lieblingsrezept Nr.
38

# SPARGELQUICHE MIT PARMASCHINKEN

Zubereitungszeit: 60 Minuten
Backzeit: etwa 30 Minuten

**ZUTATEN FÜR 4 PORTIONEN**

- 500 g weißer Spargel
- 1 l Wasser
- Salz
- 20 g Butter
- 1 Prise Zucker

**Für den Quark-Öl-Teig:**

- 200 g Weizenmehl
- 3 gestr. TL Backpulver
- 100 g Magerquark
- 50 ml kaltes Wasser
- 3 EL Olivenöl
- 1 gestr. TL Salz
- 1 TL Zucker

**Für den Belag:**

- 210 g abgetropfte Artischockenböden (aus der Dose)
- 2 Eier (Größe M)
- 150 g Schlagsahne (mind. 30 % Fett)
- Salz
- Cayennepfeffer
- 30 g ger. Parmesan
- einige Rucolablätter (Rauke)
- 8 Scheiben Parmaschinken

**Pro Portion:**

E: 23 g, F: 29 g, Kh: 44 g, kcal: 530

1. Spargel abspülen und abtropfen lassen. Den Spargel von oben nach unten schälen. Darauf achten, dass die Schalen vollständig entfernt, die Köpfe aber nicht verletzt werden. Die unteren Enden abschneiden (holzige Stellen vollkommen entfernen). Spargel in etwa 3 cm lange Stücke schneiden.

2. Wasser mit Salz, Butter und Zucker in einem Topf zum Kochen bringen. Die Spargelstücke hinzufügen, wieder zum Kochen bringen und zugedeckt etwa 5 Minuten garen. Spargelstücke in einem Sieb abtropfen lassen.

3. Für den Quark-Öl-Teig Mehl mit Backpulver in einer Rührschüssel mischen. Quark, Wasser, Öl, Salz und Zucker hinzufügen. Die Zutaten mit einem Mixer (Knethaken) auf höchster Stufe in etwa 1 Minute zu einem glatten Teig verarbeiten (nicht zu lange kneten, Teig klebt sonst).

4. Den Backofen vorheizen.
Ober-/Unterhitze: etwa 200 °C
Heißluft: etwa 180 °C

5. Auf einer bemehlten Arbeitsfläche den Teig zu einer runden Platte (Ø etwa 32 cm) ausrollen. Den Teig vorsichtig von 4 Seiten zur Mitte hin falten. Anschließend in eine Tarte- oder Quicheform (Ø 26–28 cm, gefettet) legen. Den Teig in der Form auseinanderfalten und die Teigränder andrücken. Den Teigboden mit einer Gabel mehrmals einstechen.

6. Für den Belag Artischockenböden in einem Sieb abtropfen lassen und in dünne Scheiben schneiden. Eier mit Sahne verschlagen, mit Salz und Cayennepfeffer würzen. Die Artischockenscheiben und Spargelstücke nacheinander auf den Teigboden legen. Die Eiersahne darauf verteilen und mit Parmesan bestreuen.

7. Die Form auf dem Rost in den vorgeheizten Backofen schieben. Die Quiche **etwa 30 Minuten backen.**

8. Rucola putzen, waschen und trocken tupfen. Die dicken Stiele herausschneiden. Rucola schneiden oder zupfen.

9. Die Form auf einen Kuchenrost stellen. Die Quiche vor dem Servieren mit Parmaschinken und Rucola garnieren. Die Quiche heiß oder kalt servieren.

**TIPP:**

Wenn Sie keinen frischen Spargel bekommen, können Sie auch die gleiche Menge tiefgekühlten Spargel verwenden.

Lieblingsrezept Nr.

39

# SPARGELTORTILLA

Zubereitungszeit: 45 Minuten
Garzeit: 30–40 Minuten
Vegetarisch

**ZUTATEN FÜR 6 PORTIONEN**

- 750 g weißer Spargel
- 250 ml Wasser
- 10 g Butter
- Salz
- 1 Prise Zucker
- 750 g festkochende Kartoffeln
- 2 rote Paprikaschoten (etwa 350 g)
- 2 Zwiebeln
- 1 Bund glatte Petersilie
- 3 EL Olivenöl
- gem. Pfeffer
- Paprikapulver edelsüß
- 2 EL Olivenöl
- 7 Eier (Größe M)
- 100 g Schlagsahne (mind. 30 % Fett)

**Zusätzlich:**

1 Tarte- oder Pizzaform (Ø 30 cm)

**Pro Portion:**

E: 13 g, F: 20 g, Kh: 30 g, kcal: 370

**1.** Den Spargel abspülen, abtropfen lassen und von oben nach unten schälen. Darauf achten, dass die Schalen vollständig entfernt, die Köpfe aber nicht verletzt werden. Die unteren Enden abschneiden (holzige Stellen vollkommen entfernen). Spargel in 2–3 cm lange Stücke schneiden.

**2.** Wasser mit Butter, Salz und Zucker in einem Topf zum Kochen bringen. Die Spargelstücke hinzufügen, wieder zum Kochen bringen und zugedeckt etwa 6 Minuten kochen lassen. Spargelstücke in einem Sieb abtropfen lassen, dabei 100 ml Spargelsud auffangen.

**3.** Kartoffeln schälen, abspülen, abtropfen lassen und in dünne Scheiben schneiden. Paprikaschoten halbieren, entstielen, entkernen und die weißen Scheidewände entfernen. Schotenhälften abspülen, abtropfen lassen und in Würfel schneiden.

**4.** Zwiebeln abziehen und in kleine Würfel schneiden. Petersilie abspülen und trocken tupfen. Die Blättchen von den Stängeln zupfen. Einige Blättchen zum Garnieren beiseitelegen. Restliche Blättchen fein hacken.

**5.** Öl in einer großen Pfanne erhitzen. Kartoffelscheiben darin unter mehrmaligem Wenden etwa 10 Minuten goldbraun braten. Mit Salz und Pfeffer würzen, Petersilie unterheben. Die gebratenen Kartoffelscheiben in einer Tarte- oder Pizzaform (gefettet) verteilen.

**6.** Den Backofen vorheizen.
Ober-/Unterhitze: etwa 200 °C
Heißluft: etwa 180 °C

**7.** Öl in der Pfanne erhitzen. Zwiebel- und Paprikawürfel darin andünsten, mit Salz, Pfeffer und Paprika würzen. Spargelstücke unterheben. Das angedünstete Gemüse auf den Kartoffelscheiben verteilen.

**8.** Eier mit Spargelsud und Sahne verschlagen, mit Salz, Pfeffer und Paprika würzen. Die Eiersahne auf dem Gemüse verteilen. Die Form in den vorgeheizten Backofen schieben. Die Tortilla **30–40 Minuten garen.**

**9.** Die Form auf einen Kuchenrost stellen. Tortilla etwas abkühlen lassen, in Stücke schneiden und mit den beiseitegelegten Petersilienblättchen garniert servieren.

**TIPP:**

Die Tortilla vor dem Garen zusätzlich mit Pinienkernen oder schwarzen Olivenringen bestreuen.

Lieblingsrezept Nr.
40

# REGISTER



## KLASSIKER



## VORSPEISEN



## HAUPTGERICHTE

## HINTER JEDEM TOLLEN BUCH STECKT EIN STARKES TEAM

Projektleitung: *Karin Boonk*
Korrektorat: *Regina Rautenberg, Nützen*
Rezeptentwicklung und -beratung: *Anke Rabeler, Berlin*
Nährwertberechnungen: *Nutri Service, Hennef; Angelika Ilies, Langen*
Gestaltungskonzept: *seidldesign.com, Wolfgang Seidl, Stuttgart*
Satz: *MDH Haselhorst, Bielefeld*
Titelgestaltung: *Büro 18, Friedberg*
Herstellung: *Frank Jansen*
Producing: *Jan Russok*
Druck & Bindung: *optimal media GmbH, Röbel*



## UNSER VERLAGSHAUS

Mit Standorten in München, Hamburg und Berlin zählt die Edel Verlagsgruppe zu den größten unabhängigen Buchanbietern Deutschlands. Zur Edel Verlagsgruppe gehört unter anderem ZS mit seinen Lizenzmarken Dr. Oetker Verlag, Kochen & Genießen und Phaidon by ZS.

**Die Bücher und E-Books unter der Marke Dr. Oetker Verlag erscheinen als Lizenz in der Edel Verlagsgruppe GmbH**
**www.oetker-verlag.de**
**www.facebook.com/Dr. OetkerVerlag**
**www.instagram.com/Dr. OetkerVerlag** 

## LIEBE LESERINNEN, LIEBE LESER,

seit 130 Jahren gibt es Dr. Oetker Bücher, viele davon sind seit Jahrzehnten im Programm. Mit jedem Buch, mit jeder Aktualisierung eines unserer Klassiker erfinden wir uns neu. Was bleibt, ist immer der Kern unserer Bücher: praktisch müssen sie sein und funktionieren muss alles. Gerne auch mal den einen oder anderen Kniff anbieten, den Sie vielleicht noch nicht kannten. Deshalb kommen Ihnen die Dr. Oetker Bücher so modern und frisch und doch so vertraut vor.

Viel Spaß und viel Erfolg wünschen wir Ihnen
auch mit diesem Buch.
Ihre Dr. Oetker Verlagsredaktion

2. Auflage 2022

Kaiserstraße 14 b
D-80801 München
ISBN: 978-3-7670-1822-8

## BILDNACHWEIS

**Titelfoto:**
StockFood / PhotoCuisine / Thys / Supperdelux

**Foodfotografie:**
Studio Diercks Media GmbH (Silje Paul, Kai Boxhammer), Hamburg (S. 9, 11, 13, 15, 17, 23, 25, 27, 29, 31, 33, 37, 39, 53, 57, 63, 65, 77, 79)
Eising Studio Food Photo & Video, München (S. 7, 45, 71, 83)
Antje Plewinski, Berlin (S. 4, 5, 19, 21, 35, 41, 43, 47, 49, 51, 59, 61, 67, 69, 73, 75, 81 ,85)
StockFood Studios / Jan Wischnewski (S. 55)